AF603471

LE SPIRITUALISME

VOILA

LA VÉRITÉ

ESQUISSE PHILOSOPHIQUE

PAR

Le Docteur LACHENAL

D'ANNECY

ANNECY

ANCIENNE IMPRIMERIE BURDET

J. NIÉRAT & Cie, SUCCESSEURS

1882

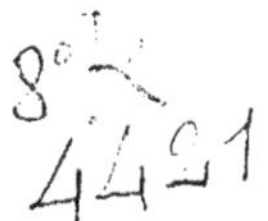

A la Jeunesse !

Jeunes Français, mes chers concitoyens, je vous dédie ces pages que j'ai consacrées à deux délaissées :

La Philosophie et la Religion !

Jetez-y un coup d'œil ; il est bon d'entendre, parfois, un témoin de temps qui ne sont plus.

Ecoutez ma vieille expérience.

J'ai vu et connu les dernières et tristes années du dix-huitième siècle. Fils d'un émigré, je suis né dans la prison où fut jetée ma bonne Mère, comme suspecte ! et je vois encore, non sans quelque effroi, approcher la fin du dix-neuvième, héritier des illusions et des erreurs de son frère aîné.

JEUNES HOMMES !

Vous avez eu le bonheur d'entendre encore parler de Dieu ! gardez le feu sacré.

Vous êtes l'espoir de la France !

Méditez souvent ces mémorables et prophétiques paroles d'un grand homme d'Etat :

« *France, tu seras chrétienne ; ou tu ne* « *seras plus !...* (1) »

---

(1) M. le comte de Falloux, de l'Académie française ; discours du 27 mai 1880 (réunion rue Grenelle, Paris).

LE SPIRITUALISME, VOILA LA VÉRITÉ

PROLOGUE

La Vérité

Bossuet, l'aigle de Meaux, définit la vérité comme suit :

« La vérité est l'état des choses qui sont ainsi qu'elles « doivent être, et qu'il est impossible qu'elles soient « d'une autre nature, ou se fassent d'une autre fa- « çon (1). »

Saint Thomas d'Aquin avait dit déjà :

« La Vérité est l'équation entre l'intellect et la « chose (2). »

On ne peut que s'incliner devant de si grands maîtres !

---

(1) Bossuet : *Connaissance de Dieu et de soi-même*, ch. IV.
(2) Mgr de la Bouillerie : *l'Homme*, p. 132.

Toutefois, considérée dans un sens plus général, étudiée à sa source céleste, la *Vérité* se montre à nous comme éternelle, absolue, unique ; objet de nos constantes aspirations, privilège de l'homme qui, seul de tous les êtres terrestres, peut la concevoir ; la Vérité inonde d'ineffables suavités l'âme qui la possède.

Flambeau, lumière de l'âme, la Vérité lui découvre les sublimités du monde surnaturel, de l'*invisible !* De même que l'astre qui brille au firmament, répand sur le globe terrestre la lumière, la chaleur et la vie ; la Vérité anime et vivifie tout ce qui *est,* visible et invisible.

De même que la privation de la lumière solaire cause la nuit, et en se prolongeant entraîne la mort des êtres vivants ; ainsi la privation de la Vérité engendre l'erreur, et l'erreur est la mort de l'âme.

Sujet de recherches incessantes pour l'homme, la Vérité est un des sublimes attributs de Dieu ; aussi, dans son admiration, saint Augustin s'écrie : « La Vé-« rité, c'est Dieu ! (1) »

Reflet du souverain bien, bien suprême elle-même, la Vérité est pour l'homme qui pense, qui sait se secouer du joug de la matière, la source féconde de ses joies les plus pures.

Tous nos soins doivent tendre à connaître la Vérité ; la vie de l'homme ne doit avoir qu'un but :

Connaître la Vérité, suivre sa lumière, n'en jamais perdre la trace !

Mais, où est la Vérité ? comment l'atteindre ?

Saint Augustin, l'homme le plus étonnant de l'Eglise latine, dit Villemain, a écrit :

(1) Villemain : *Tableau de l'éloquence chrétienne*, p. 436.

« Il n'est douteux pour personne, que deux forces « concourent à nous instruire : l'*autorité* et la *raison*.
« Sur le premier point, je n'en connais pas de plus « forte que l'autorité du Christ, et je ne veux en rien « m'en écarter. Quant à cet ordre de preuves qui se « poursuit par la subtilité de la raison (et tel que je « suis, je désire m'approprier le vrai, non-seulement « par la foi, mais aussi par l'intelligence), j'ai l'assu- « rance de trouver chez les Platoniciens bien des choses « qui ne répugnent pas à nos dogmes (1). »

Saint Thomas d'Aquin, qui a reçu le beau surnom de *Doctor Angelicus,* l'Ange de l'Ecole, exprime la même pensée, à peu près, en disant :

« Il y a deux degrés de l'intelligible divin : soit un « premier degré, où la *lumière naturelle*, conduit la « raison ; un second, où la conduit la *lumière surna-* « *turelle* (2). »

Sous la conduite de si grands Docteurs, nous reconnaîtrons donc que deux voies conduisent à la Vérité : la *Raison* et la *Foi ;* soit la Révélation et la Philosophie !
Mais gardons-nous de nous laisser séduire par les mots : toute philosophie ne conduit pas à la Vérité.
Ecoutons ce que dit à cet égard Platon, que saint Augustin cite comme pouvant lui servir de guide :

« Il y a le *philosophe* et le *sophiste ;* le premier seul « manie la vraie dialectique qui s'élève aux splendeurs

(1) Sancti Augustini, *Opera*, t. II.
(2) Saint Thomas, *première et seconde question.*

« de l'*Etre*, objet de ses recherches et de sa contem-
« plation.

« Mais, où va le sophiste ? que cherche-t-il ? que
« veut-il ?

Ecoutez la réponse :

« Le sophiste va au néant ; il cherche, il poursuit le
« *non-être,* et se réfugie dans ses ténèbres... »

Aristote, célèbre philosophe spiritualiste, contemporain de Platon, signale et approuve ce jugement :

« Platon, dit-il, remarque fort à propos que la sophis-
« tique roule sur le *non-être* (1). »

Il y a donc deux philosophies ? Hélas ! non ; l'usage a prévalu, le sage conseil de Platon n'a pas été suivi.

L'être et le non-être,
Le réel et le néant,
Le visible et l'invisible,
Le naturel et le surnaturel,
L'idéalisme et le matérialisme,
Le rationalisme et le positivisme,
Le spiritualisme et le sensualisme,
Le vrai et le faux ;

Tout est confondu sous le nom de philosophie.

De là, confusion, défiance, discrédit, abandon de la saine philosophie, soit du spiritualisme ; invasion de la sophistique et bientôt du sensualisme, du positivisme, de l'athéisme.

---

(1) Voir : Gratry, *Connaissance de Dieu*, t. I, p. 117.

Tel est l'arbre philosophique, tel est le vaste champ livré à nos investigations ; tout est mélangé : le beau et le mal, le vrai et le faux, l'esprit et la matière !

C'est à l'homme, guidé par l'intelligence, éclairé par la raison, livré à la liberté et à sa volonté, à reconnaître sa voie, à discerner la vérité, à éviter l'erreur.

L'histoire de la philosophie, de l'homme livré à lui-même, à sa lumière naturelle, aveuglé le plus souvent par l'orgueil, n'est guère, hélas ! que celle des aberrations de l'esprit humain, du doute et de l'erreur !

Toutefois, la Vérité a des caractères qui ne permettent pas à un esprit libre du joug de la matière de la méconnaître.

La Vérité, en effet, est immuable ; elle n'est ni variable, ni passagère ; elle est la même en tout temps, en tous lieux ; la Vérité est *universelle* et *nécessaire*. Elle est absolue, indépendante de celui qui l'aperçoit. Elle serait quoiqu'on ne la verrait pas.

La Vérité donne, sans hésiter, la priorité à l'esprit sur la matière.

La Vérité est immuable, et tout ce qui est immuable est de Dieu ! Tout ce qui est changeant est de l'homme.

Non-seulement la Vérité est en Dieu, mais elle est un des principes dont se sert la saine métaphysique pour prouver l'existence de Dieu !

Ecoutons ce que dit à cet égard le professeur Cousin :

« Oui, la vérité porte nécessairement quelque chose « au-delà d'elle. De même que tout phénomène a son « sujet d'inhérence ; de même que nos facultés, nos « pensées, nos volitions, nos sensations n'existent que « dans un être qui est nous-même, ainsi la Vérité sup« pose un être en qui elle réside ; et les vérités absolues

« supposent un être absolu comme elles, où elles ont
« un premier et dernier fondement. Nous parvenons
« alors à quelque chose d'absolu, qui n'est plus sus-
« pendu dans le vague de l'abstraction, mais qui est
« un être substantiellement existant. Cet être absolu
« et nécessaire, puisqu'il est le sujet des vérités néces-
« saires et absolues, cet être qui est au fond de la
« vérité comme son essence même, d'un seul mot on
« l'appelle *Dieu* (1). »

Dès lors, discernant la vérité au milieu des innombrables systèmes philososophiques enfantés par l'esprit humain dans le long cours des siècles, la distinguant soigneusement de l'erreur, donnant sans hésiter la préférence, la supériorité à l'esprit sur la matière, à la suprême intelligence sur le *Fatum* (la nécessité aveugle), nous reconnaîtrons que le *spiritualisme* est la philosophie de la vérité, et que le *sensualisme* qui conduit inévitablement au *matérialisme*, à l'*athéisme*, représente le *non-être* et n'est autre chose, sous ses différentes formes, que la philosophie de l'erreur !

Dès lors, je dis avec confiance :

LE SPIRITUALISME, VOILA LA VÉRITÉ

Suivons, à travers les siècles, le développement de cette vérité.

---

(1) Cousin : *Du vrai, du beau, du bien ;* 4me leçon.

LES DEUX VOIES DE LA VÉRITÉ

PREMIÈRE PARTIE

I

La Philosophie

La philosophie spiritualiste est le langage de la raison naturelle éclairée ; elle est une des voies qui conduisent à la vérité ; née de l'esprit humain, elle remonte dans le temps aussi loin que la civilisation. Dès que l'homme, rassuré sur ses moyens d'existence, a pu trouver assez de loisir pour réfléchir, il est devenu philosophe, ou mieux, il est devenu religieux ; il a levé les yeux vers le ciel ; en cherchant Dieu, il a trouvé la Vérité ; *il a pensé !*

Ainsi, du même besoin sont nées dans le même berceau : la Théologie, science de Dieu ; et la Philosophie, science de l'âme !

Quel que soit mon désir de remonter aux sources de la philosophie, je n'ai pas l'intention de sonder les profonds arcanes de l'Orient, bien que ce soit là le berceau de la civilisation ; nous y trouverions cependant de grandes et fort intéressantes notions.

Premièrement, l'Egypte, remarquable et mystérieuse contrée, dont l'origine se perd dans la nuit des temps, pays des hiéroglyphes, où le sentiment religieux a laissé de nombreuses et admirables traces ; mais où rien n'indique qu'ait apparu l'esprit philosophique, l'esprit d'examen.

Vient en second lieu la Perse, qui reconnaît Zoroastre pour son législateur, et dont le livre sacré connu sous le nom de *Zend-Aveta* a été traduit en français par Anquetil ; ce code se compose de dogmes et d'une théologie informe, mais nulle trace encore de philosophie.

Nous trouvons, dans l'extrême Orient, la Chine, empire immense, pays de l'immobilité, qui ne compte pas moins de 360 millions d'habitants, obéissant comme des enfants à leur Empereur (le fils du ciel !) qui les gouverne, suivant le *Tchéou-li* ou le livre des rites ; écrit 1100 ans avant J.-C., et aussi selon les lois du sage Confucius qui vivait 600 ans avant J.-C. Son code, nommé *Chouking,* est beaucoup plus religieux que philosophique ; il a été traduit dans notre langue au commencement de ce siècle par le P. Gaubil, savant jésuite qui a habité Pékin, capitale de ce grand empire, pendant 35 ans.

Voici l'Inde.

Comme nous l'avons dit ci-dessus, dans ces grandes nations la théologie, ou mieux la religion, quoique informe, a été leur guide ; c'est que la religion est le fond de toute civilisation, c'est elle qui fait les croyances générales et par là les mœurs, et jusqu'à un certain point, les institutions.

Arrivés à l'Inde, nous voyons naître et se développer la philosophie.

Le spiritualisme, comme le prouve le savant Calebroke, est la base du brahamanisme, qui est la religion des Indiens en deçà du Gange ; les dogmes de cette doctrine sont exposés dans les Védas, livres sacrés qui sont pour le grand empire de l'Inde, ce qu'est la Bible pour nous. Les Védas sont l'œuvre de Brahama, législateur très vénéré des vastes régions qu'arrose le Gange. Tel est le code sur lequel repose l'organisation sociale indienne ; là est la règle de ses institutions civiles et politiques, de ses mœurs et même de ses arts (1).

Le boudhisme, doctrine hétérodoxe, détachée du brahamanisme, est entaché de *matérialisme ;* c'est une espèce de panthéisme poussé à ses dernières et absurdes conséquences (2).

(Je ne parlerai pas ici de nos livres saints, ils appartiennent à la seconde voie de la vérité.)

Je ne m'étendrai pas plus longuement sur l'Inde, quoique la littérature de ce vaste et très antique pays soit fort intéressante et parfaitement connue aujourd'hui : ce n'est pas là encore la vraie patrie de la philosophie ; pour la voir naître dans tout son éclat, il faut arriver à la Grèce : c'est là que nous trouverons entre autres Platon, qui doit être considéré comme le principal fondateur du *spiritualisme*, qui mérite seul le glorieux nom de philosophie.

Je ne m'arrêterai même pas aux temps héroïques de

---

(1) Les Védas ont été traduits en français par Loiseleur Deslongchamps.

(2) Voir Burnoulf, *Introduction à l'étude du Boudhisme.*

la Grèce ; j'y trouverais cependant dans le dixième et neuvième siècles avant J.-C. trois génies inspirés des muses, parlant le langage des Dieux, dont la rouille du temps n'a pas terni la gloire :

Orphée, le législateur du polythéisme, dont la lyre divine, dit Virgile, a séduit le sombre Roi des enfers, et a valu à Orphée le bonheur de revoir sa chère Eurydice (1).

Hésiode, un des plus anciens poètes grecs, auteur du poème des travaux et des jours, de la théogonie, etc.

Homère, contemporain d'Hésiode, qui vivait 900 ans avant notre ère, poète inimité, inimitable ; chantre de la guerre et de la chute de l'antique Troie, écrivain des aventures du perfide Ulysse.

La pensée éclairée par le génie, entraînée par l'imagination, a produit ces chefs-d'œuvre admirables ; mais la philosophie est fille de la réflexion ; ce n'est que quelques siècles plus tard que nous la verrons apparaître et se montrer digne de son nom ; et comme la nature spéciale de l'homme est de réunir à la fois en lui-même *esprit* et *matière :* nous verrons dans la Grèce, comme nous l'avons vu dans l'Inde, comme nous le verrons en traversant les siècles, et surtout à notre époque, se dessiner les deux grandes divisions philosophiques, le *Spiritualisme* et le *Matérialisme*, selon que prédomine parmi les hommes l'esprit ou la matière.

Aux trois génies poétiques que je viens de nommer, et dont près de trente siècles nous séparent, succéda,

(1) Virgile, *Géorgiques*, liv. IV.

600 ans avant J.-C., Thalès de Milet, fondateur de l'école Janienne, dont furent membres Anaximandre, Héraclite, Anaximène et autres, tous physiciens.

Ces philosophes primitifs, cherchant dans les phénomènes de la nature le secret du monde, créèrent le *Naturalisme*, que nous voyons renaître aujourd'hui comme une nouveauté.

L'âme, dans l'école Jonnine, joue un bien faible rôle ; mais cette notion, bien que faible, fut obscurcie encore par Leussipe et Démocrite, qui inaugurèrent la théorie des atômes. L'âme, d'après ces premiers sceptiques, « est une collection d'atômes ronds et ignés « d'où résulte le mouvement et la pensée... (1) »

C'est le pur matérialisme.

Bientôt après, Pythagore naquit à Samos ; fixé plus tard à Crotone en Italie, il y fonda l'école *Italienne,* et donna une vive impulsion aux études philosophiques.

Pythagore était essentiellement mathématicien. Séduit par la puissance et les rapports des nombres, il y plaça la base de son système ; il enseigne que « les dix nombres fondamentaux contiennent tout le système du « monde... »

Qu'est-ce que l'âme, selon Pythagore ?

« Un nombre qui se meut lui-même ; mais l'âme, « en tant que nombre, a pour racine l'unité, c'est-à-dire « Dieu !

« Dieu, en tant qu'unité, est la perfection ; l'imperfection consiste à s'écarter de l'unité. Le perfection-

(1) Cousin : *Histoire de la Philosophie*, p. 106.

« nement consiste donc à aller sans cesse de l'imper-
« fection au type de la perfection, c'est-à-dire de la
« diversité à l'unité (1). »

C'est là le début de l'*Idéalisme*.

A peu près à la même époque, Zénon fonda l'école d'Elée, qui s'inspirait des principes posés par Pythagore, mais qui les compromit en les exagérant. Anaxagore qui en faisait partie, s'en détacha et devint, par la netteté de ses principes, l'homme remarquable de cette époque lointaine ; il proclama hautement l'existence d'un principe du monde qui en est distinct et différent ; il reconnut et enseigna que ce principe est *un Esprit, une Intelligence*.

Voilà la naissance du *Spiritualisme* !

Ecoutons ce qu'en dit Aristote :

« Le jour où un homme vint dire qu'il y avait
« dans la nature une intelligence qui est la cause de
« l'arrangement et de l'ordre de l'univers ; cet homme
« parut avoir seul conservé sa raison au milieu de la
« folie et de l'ivresse de ses devanciers (2). »

Tels furent les premiers pas de la philosophie, dans cette Grèce qui devait bientôt dévoiler au monde les principes éternels, immuables de la vérité philosophique, et où devait prendre naissance pour ne plus mourir : le *Spiritualisme*.

(1) Cousin : *Histoire de la Philosophie*, page 109.
(2) Cora : *l'Idée de Dieu*, page 157.

De 470 à 430 avant J.-C., Athènes vit naître trois génies philosophiques, dont les siècles n'ont point affaibli la célébrité ; ce sont :

Le sage Socrate ; le divin Platon ; et le savant Aristote.

Nous leur devons la vérité philosophique, soit la connaissance des bases de tout ordre moral :

Dieu, l'Ame, l'Immortalité !

II

Philosophie ancienne

Socrate, né en 470 avant J.-C., ouvre la nouvelle ère philosophique, et en représente l'esprit ; jusqu'à Socrate, la philosophie s'égarait dans des considérations cosmologiques ; ce grand philosophe la ramena à l'étude de l'âme, de la pensée, et, depuis Socrate, la psychologie est devenue le point de départ de toute saine métaphysique.

La formule de Socrate, la base de sa méthode, se résument en ces mots :

« *Connais-toi toi-même !*

« Sans la connaissance de soi-même, comment arri-
« ver à la vertu, et au bonheur qui évidemment se rap-

« porte à notre nature ? Qui s'ignore ne peut savoir ni « ce qui lui convient, ni ce qu'il doit, ni ce dont il est « capable.

« Nul n'a jamais été plus pénétré que Socrate du « sentiment de la justice ; il professait le culte des lois « de la Patrie, qu'il rattachait aux lois non écrites et « au type universel du *bien*.

« Rencontrant au fond de notre être une intelligence, « cause certaine de tout ce qu'il faisait de bien ; il « attribuait à une intelligence parfaite les œuvres mer- « veilleuses dont l'univers est rempli ; il mettait à la « place du Hasard et d'une force sans concience d'elle- « même, un ouvrier sage dont le bien est le but su- « prême. La méthode constante de Socrate était d'aller « de lui-même et de la nature humaine, à l'univers et « à Dieu ! (1) »

Socrate n'a pas seulement découvert cette noble et si nouvelle philosophie à l'aide d'une méditation assidue ; il l'a répandue, enseignée avec un zèle admirable ; il en a été le martyr et l'a scellée de son sang.

Platon est un élève de Socrate ; il est tout pénétré de son esprit, et s'est en quelque sorte consacré à sa mémoire.

« Ce merveilleux mortel, dit Cousin, est né 430 ans « avant J.-C., il résume en lui toute la philosophie qui « l'a précédé ; il fut à proprement parler le génie de « la philosophie. » Il a reçu de la postérité le surnom

(1) Xenophon : *des Choses mémorables de Socrate.*

de Divin que lui donne Bossuet lui-même. Ce qui distingue Platon, ce qui a rendu son nom immortel, ce qui constitue Platon comme le véritable fondateur de la philosophie spiritualiste, c'est que, guidé par Socrate son maître, il a établi d'une manière irrévocable la théorie des *idées générales, universelles et nécessaires,* que d'un seul mot, il nomme *les idées*, et dont il fait le fondement, et en quelque sorte le piédestal de la Philosophie. Mais il est essentiel de noter, que ces *idées* sont radicalement différentes des *notions particulières.*

Les sens sont les sources des notions particulières, tandis que les *Idées* ne relèvent que de la raison dont elles sont les objets propres ; mais en même temps que la raison les atteint, elle reconnaît qu'elle ne les constitue pas.

Les idées et les notions particulières éclairent l'âme, mais leur source est absolument différente ; les notions particulières tirent leur origine des sens, comme nous l'avons dit.

« Quant aux Idées, Platon en fait les formes géné-
« rales et permanentes des choses ; les lois du monde,
« et, en dernière analyse, il les place dans la raison
« divine ; c'est là qu'elles existent substantiellement ;
« comme notre raison n'est qu'un effet de la raison de
« Dieu, ainsi les Idées en nous ne sont que des reflets
« des idées prises en elles-mêmes, lesquelles sont les
« *types* de toutes choses ; types éternels comme le Dieu
« qu'ils manifestent (1). »

(1) Cousin : *Histoire de la Philosophie*, 3me leçon.

Guidé par la lumière naturelle de sa raison supérieure, Platon s'est élevé à la connaissance exacte de Dieu ; il a connu l'âme spirituelle, il a fondé son espérance sur son immortalité, il a même entrevu le *Verbe* éternel ! Mais Platon n'a pas connu les sublimités de l'incarnation divine, qu'il a précédé de quatre siècles !

« Le Dieu de Platon, dit le P. Gratry, est l'être « absolu sans défauts, le souverain bien, l'être possé- « dant toute vertu, la sagesse et la providence ; soleil « du monde intelligible, dont les *vérités nécessaires* « *universelles* que nous voyons, sont l'ombre. Ce Dieu, « auteur et père de la lumière intelligible, l'est aussi « du soleil et du monde visible. Il a fait le monde à « son image pour éclairer la terre, comme il éclaire « lui-même le monde intelligible (1).

« Platon, ajoute le P. Gratry, entend bien s'élever « au *vrai Dieu, à l'Etre même, au plus parfait des* « *êtres, au principe de toutes choses, à la Vérité mê-* « *me, au souverain bien qui est.*

« De fait, Platon est-il réellement parvenu à la con- « naissance du vrai Dieu et de ses attributs ? Nous « disons oui sans hésiter.

« C'est l'avis de saint Augustin, celui de saint Tho- « mas, celui de Bossuet aussi bien que de Fenelon (2). »

Aristote complète cette triade de génies philosophiques. Il fut pendant vingt ans disciple de Platon, c'est

(1) Platon : *de la République.*
(2) P. Gratry, de l'Académie française, t. I, p. 109.

dire assez qu'il suça à leur véritable source les vrais principes du spiritualisme, dont il fut un des brillants flambeaux.

« Comme Pythagore, Anaxagore, Socrate et Platon, « Aristote proclame un Dieu ! Il reconnaît une cause « première de l'univers qui commence le mouvement « sans y toucher, et cette cause de mouvement n'est pas « une cause physique, c'est une intelligence, et une « intelligence qui se connaît elle-même (1). »

Aristote est bien plus explicite et me paraît tout à fait orthodoxe en parlant de Dieu dans son livre *du Monde*. Je crois devoir citer ce passage en entier :

« Il nous reste à parler sommairement de la cause « qui contient et gouverne l'ensemble. Une antique « tradition répandue par nos pères dans toute l'huma- « nité, nous apprend que toute chose vient de Dieu et « par Dieu ; qu'aucune nature ne se suffit et ne subsiste « que par son secours. Dieu est en effet conservateur « et père de tout ce qui est dans le monde, et il opère « en tout ce qui s'opère, non comme un ouvrier qui « travaille et se fatigue, mais comme une vertu toute- « puissante qui agit.

« Il faut savoir de Dieu que sa force est irrésistible, « sa bonté accomplie, sa vie immortelle, sa vertu sou- « veraine, et qu'invisible à toute nature mortelle, il est « visible par ses œuvres ; et certes, tous les mouve- « ments, et tous les êtres qui sont dans l'air, sur la terre,

(1) Cousin : *Histoire de la Philosophie*, 3me leçon, p. 137.

« dans les eaux, sont réellement les œuvres du Dieu « qui contient l'univers.

« Dieu est notre loi immuable, loi qu'on ne saurait « changer ni corriger, loi plus sainte et meilleure que « les lois écrites sur nos tables.

« Gouvernant tout par une autorité incessante et une « infaillible harmonie, il dirige et ordonne tout l'en- « semble de l'univers, terre et ciel, et se répand dans « tous les êtres.

« Il est *un*, mais il a plusieurs noms. Tous ces noms « signifient *Dieu seul*, comme le remarque le noble Platon.

« Dieu donc, d'après l'antique tradition, est le prin- « cipe, la fin et le milieu de tout ce qui est, il traverse « toute la nature en ligne droite (maintenant à toute « chose sa droite voie), toujours suivi de la justice « vengeresse des transgressions de cette ligne droite ; « justice que doit posséder quiconque veut arriver dans « l'avenir à la béatitude et quiconque veut être heureux « dès maintenant (1). »

Quant à l'âme, à sa nature, à son essence, Aristote est parfaitement correct ; mais à la condition de le bien comprendre.

Ce philosophe, en effet, est l'auteur de la définition suivante : *L'âme est la forme du corps organisé*. Au premier abord, il y a lieu d'être étonné, car de la sorte l'âme serait inséparable des organes, et serait associée à leur sort.

Telle n'est pas la pensée d'Aristote.

M. Cousin observe judicieusement, en effet, « qu'il

(1) P. Gratry, soit Aristote, *de Mundo*.

« ne s'agit pas ici de l'âme au sens moderne, mais du « *principe vital.* Or, ainsi comprise, l'opinion d'Aristote « est parfaitement vraie : dans l'homme comme dans « l'animal et dans la plante, le principe de vie et d'or- « ganisation est à la fois distinct et inséparable des « organes. Mais Aristote met au-dessus du *principe* « *vital* l'esprit, l'intelligence, l'*âme* des chrétiens qui « est unie au principe vital, mais qui n'en dépend pas, « et ce principe il le déclare immortel et divin (1). »

Tels furent les illustres fondateurs du spiritualisme philosophique ; parmi eux, tant par la pureté de ses doctrines que par l'élévation de ses vues, brille, entouré d'une auréole glorieuse, le nom de Platon, qui a si bien mérité le surnom de *Divin* que lui a décerné la postérité.

Les principes découverts, reconnus, proclamés par ces pères de la philosophie spiritualiste, sont immortels, immuables comme la Vérité dont ils sont l'expression. Chose digne de remarque et qui en prouve la certitude, ils ont traversé les siècles, ont été adoptés par tous les princes de la science philosophique, et sont parvenus intacts et purs jusqu'à nous !

DIEU, L'AME, L'IMMORTALITÉ !

sont des conquêtes, des trésors acquis et appartenant sans appel à la philosophie spiritualiste.

---

(1) Cousin : *Histoire de la Philosophie*, 3me leçon.

L'oubli, ce voile qui couvre bien vite les hommes vulgaires, a respecté les noms vénérés des trois fondateurs du spiritualisme.

Socrate est resté le modèle des sages.

Platon et Aristote se sont perpétués par leurs œuvres.

L'Académie reconnaît Platon pour son fondateur.

Aristote, chef des Péripatéticiens, a fondé le Lycée.

Composées d'abord d'hommes de mérite, pénétrés des principes sages de leurs illustres maîtres, ces écoles n'ont pas tardé à s'écarter l'une et l'autre de la bonne voie.

L'Académie, conduite par Anaximène, est tombée dans l'idéalisme mystique.

Le Lycée, à peine un siècle après la mort d'Aristote, s'est laissé entraîner par Straton de Lampsaque et par Dycéarque, au dernier degré du scepticisme ; Dycéarque, au dire de Cicéron, parlant de l'âme, ne craignait pas de dire que c'était là un *vain nom* (inane nomen).

Enfin, tel est l'entraînement de l'erreur ! l'école péripatéticienne, oubliant complètement les sages enseignements d'Aristote, est tombée en 300 environ avant J.-C., dans les serres d'Epicure et a dégénéré jusqu'à l'épicuréisme ! et en 340, l'Académie s'est rangée sous le drapeau du stoïcisme.

III

La Révélation.

A l'approche de la révélation chrétienne, la grande philosophie se tait ; le monde est comme dans l'attente ; Epicure, son sensualisme matérialiste, règne partout ; à peine le stoïcisme, plus sage, fait-il entendre sa voix çà et là. Rome elle-même, dont les bras gigantesques s'étendent sur tout le monde connu, s'affaisse sous le poids de son immense puissance, de ses richesses, de son luxe, de sa corruption, de son impiété ; la liberté succombe et meurt !

Alors Tacite, l'austère mais juste Tacite, armé du burin de l'Histoire, grave dans ses immortelles *Annales* ces mots qui peignent toute une époque fort semblable à la nôtre.

« Tunc, Consules, Patres, Eques ruunt in servitium (1). *Alors, Consuls, Sénateurs, Chevaliers baissent la tête, et se précipitent dans l'esclavage.*

Mais en ce moment même, l'écho de la Sainte Montagne fait entendre la douce voix sortie d'une bouche divine, disant :

« Beati qui lugent, quia consolabuntur (2) ! *Heureux ceux qui pleurent, parce qu'ils seront consolés.* »

(1) Tacite, *Annales*, livre Ier, § VII.
(2) Saint Mathieu, ch. V.

Le monde étonné écoute, s'émeut, espère! Le sublime sacrifice de la Croix s'accomplit; le christianisme naît, se propage, grandit. La persécution frappe avec atrocité; le sang des martyrs inonde les amphithéâtres et enfante des chrétiens; la tyrannie redouble; le vieil édifice païen se lézarde; il s'écroule. Enfin, Constantin paraît, et la Croix triomphe!

Nous sommes en plein quatrième siècle, si célèbre par les grands hommes qu'enfanta alors l'Eglise du Christ.

Saint Augustin naît à Tagaste (Afrique) en 354; avec lui renaît Platon, et la philosophie spiritualiste reprend un nouvel essor sous l'égide de la foi chrétienne, preuve nouvelle de l'immuabilité de la vérité, sublime attribut de Dieu, éternelle comme Dieu!

« Saint Augustin, l'homme le plus remarquable de « tous les génies qui ont illustré le Christianisme au « quatrième siècle, fut doué, dit Villemain, d'un esprit « vaste et facile; métaphysique, histoire, antiquités, « science des mœurs, connaissance des arts, Augustin « avait tout embrassé (1). »

La philosophie avait pour ce Père de l'Eglise latine un attrait tout particulier; Platon, comme je l'ai dit, fut, dès qu'il le connut, son inspirateur.

« En ce temps, dit saint Augustin, il me vint entre « les mains un livre tout rempli, selon l'expression d'un

(1) Villemain, *Quatrième siècle.*

« ancien, des essences les plus excellentes de l'Arabie, « et à peine en tomba-t-il quelques gouttes sur cette « petite flamme qui commençait à brûler dans mon « cœur, qu'il est impossible de comprendre à quel « incendie je fut livré tout à coup ; impossible à vous, « Romanien ; impossible à moi-même. Honneurs, gran- « deurs humaines, désir de gloire, attraits et charmes « de cette vie terrestre, plus rien ne me touchait en « présence de la lumière que je commençais à entre- « voir (1). »

« La philosophie, dit saint Augustin, promet la rai- « son, et n'affranchit qu'un petit nombre d'esprits ; non « pas en leur faisant dédaigner les saints Mystères, « mais en les leur faisant comprendre, comme ils doi- « vent être compris.

« La vraie, la pure philosophie n'a pas d'autre « affaire que d'enseigner quel est le principe éternel de « toutes choses ; quelle suprême intelligence, et quelle « émanation sans mélange en est sortie pour notre salut.

« C'est le Dieu unique, tout-puissant dans sa triple « majesté : *Père*, *Fils*, *Esprit-Saint* que nous ensei- « gnent les divins Mystères (2). »

« Puis, ajoute saint Augustin, la raison a beaucoup « prétendu. Elle a osé prouver l'*Ame immortelle ;* après « avoir recueilli les enseignements de la philosophie et « conçu par la pensée les nombres purs, les quantités « intelligibles, c'est avec le secours de tous les arts « libéraux que l'esprit s'approchera de l'idée de *Dieu,* « *qu'on ne conçoit qu'en ne le comprenant pas* (3) ! »

(1) Bougaud, *Histoire de sainte Monique*, p. 307.
(2) Sancti Augustini, *Opera*, t. Ius.
(2) Villemain, *Quatrième siècle*, p. 399.

Puis, dans un saint ravissement, saint Augustin s'écrie :

« L'âme ose voir Dieu, et la source d'où émane le « vrai, le père même de la vérité ! Grand Dieu, quels « seront les regards élevés vers vous ! Qu'ils seront « purs et saints, qu'ils auront de force, de constance, « de sérénité, de béatitude ! Que pouvons-nous en pen- « ser et en dire ? »

Saint Augustin dit encore :

« La raison n'est-elle pas la contemplation même de « la vérité, ou n'est-elle pas la vérité elle-même ?.... « Tout ce que nous percevons, nous le percevons ou par « les sens corporels, ou par l'âme, c'est-à-dire par « l'intelligence et la raison ; les sens perçoivent les « choses *sensibles*, l'âme perçoit les choses intelli- « gibles (1). »

Ainsi morale humaine et dogme révélé, puissance de la raison pour s'élever à la vérité, autorité de la tradition nécessaire à la foi, voilà le double principe auquel s'attache Augustin et qu'il ne cesse d'interpréter sous toutes les formes dans sa longue et sainte carrière ; voilà, mises en pratique par lui-même, *les deux voies de la vérité.*

Mais je m'arrête. Il est impossible de donner même sommairement une idée des ouvrages innombrables de ce colosse de science philosophique et de foi chrétienne.

(1) Sancti Augustini, *Opera*, t. Ius.

Enfin renfermé dans la ville d'Hippone (Afrique), sa résidence épiscopale que les Vandales assiégeaient depuis trois mois, Augustin meurt en 437, âgé de 73 ans !

Bientôt redouble l'invasion des peuplades du nord, de toutes parts l'immense empire romain est couvert de leurs masses innombrables ; Rome elle-même, que Constantin, après avoir bâti Constantinople en 365 et y avoir fixé la capitale de l'Empire, avait abandonnée au Pape comme siège de la chrétienté, Rome avait été prise le 24 août 410 de J.-C. par Alaric, chef des Goths, et mise à sac.

La nuit la plus sombre s'étend alors sur le monde. La force, la violence, la dévastation, l'incendie, la mort règnent partout. Le plus affreux cataclysme s'accomplit ; la destruction du colosse romain s'achève.

L'Eglise seule survit ! Les cloîtres, refuges respectés des Barbares, sauvent, en les enfouissant, les trésors de science, de littérature, de philosophie, et même des arts qui reparaîtront après cette affreuse tempête qui se prolonge pendant plusieurs siècles.

Laissons passer la colère de Dieu. Gardons la foi et l'espérance !

Déjà les nations se reconstituent. La France, l'aurore de la grande France apparaît au milieu du chaos. Voici Clovis. En 496, il saisit, il élève la croix par laquelle il vient de vaincre à Tolbiac. Baptisé par saint Rémi, Clovis reçoit le premier le glorieux titre de *Fils aîné de l'Eglise*. Voici bientôt Charles-Martel dont la valeur arrête, à Poitiers, en 732, les Sarrasins d'Espagne qui menaçaient notre jeune France d'une nouvelle invasion. Voici Charlemagne! La France est faite et n'a plus qu'à se développer à l'ombre de la Croix !

Mais revenons sur nos pas; voyons ce que devient la philosophie pendant ces siècles de ténèbres.

IV

Philosophie scolastique.

En reparaissant après une longue éclipse, la philosophie prend le nom de *scolastique;* née au cinquième siècle avec le moyen-âge, la *philosophie scolastique* dure autant que lui; elle s'unit alors intimement à la théologie avec laquelle elle se confond et lui est soumise et subordonnée.

Réduite à l'*Organum,* seule partie des nombreux ouvrages d'Aristote et autres, qui fût connue alors, la philosophie spiritualiste se maintient, mais sans lustre et sans éclat, et n'a que de rares et modestes interprètes, tels que Boèce, Capella, Bède, Cassiodore et quelques autres plus ou moins connus.

Le neuvième siècle approche. Avec lui apparaît la grande et majestueuse figure de Charlemagne, le génie du moyen-âge.

Charlemagne rouvre les premières écoles (scholæ). Il y fait enseigner les lettres et la philosophie par le savant Alcuin, né à York en 726, et lui confie le soin de régénérer l'esprit de la jeunesse française et de restaurer les études.

Puis au douzième siècle, Philippe-Auguste fonde la Sorbonne et l'Université de Paris et donne ainsi la plus vive impulsion au mouvement intellectuel imprimé par Charlemagne, à tel point que dit Ozanam :

« Il suffit de rappeler que les bienfaits de nos Rois « firent la prospérité de l'Université de Paris. Ils « l'entourèrent de ce prestige qui attirait sur ses bancs « *quarante mille élèves* de toutes les nations, captivait « dans ses chaires les plus illustres étrangers, et la « rendait digne d'être saluée par les Papes comme la « source de la vérité, comme le foyer de toutes les « lumières (1). »

Avec le onzième siècle apparaît saint Anselme, né à Aoste. Il fut le plus notable métaphysicien de cette époque ; il eut la gloire d'être surnommé le *second Augustin*. Auteur de deux ouvrages qui ont eu de la célébrité, le *Monologium* et le *Poslogium*, ce célèbre philosophe catholique a devancé Descartes en parlant du maximum de grandeur, de beauté, de bonté, pour s'élever jusqu'à Dieu.

Saint Anselme fut dans son temps une des solides colonnes du spiritualisme.

Enfin le XIIIe siècle approche ; c'est là un grand siècle, en attendant le XVIIe.

Avec le treizième apparaissent saint Thomas d'Aquin,

(1) Ozanam, *Dante et la Philosophie catholique*, p. 24.

Albert-le-Grand, saint Bonaventure, Roger Baccon, Duns-Scott, Occan, etc., qui tous ont contribué à illustrer cette époque du moyen-âge.

Bientôt se fera entendre la voix mélodieuse du Dante, poète philosophe spiritualiste, né à Florence en 1265. Ecoutons-le :

. . . . Seculo si rinuova
Torna giustizia, e primo tempo umano
E progenie scende dal ciel nuova (1).

« Le siècle se renouvelle ; la justice renaît avec le « premier âge humain, et un nouveau rejeton descend « du ciel. »

Déjà avait paru saint Thomas, compatriote du Dante, italien comme lui, né à Aquino en 1225.

Avec Thomas d'Aquin revient Aristote.

« Il est certain, dit Mgr de la Bouillerie, que l'esprit « droit et ferme du docteur angélique s'accommodait in- « finiment mieux de la méthode rigoureuse du philoso- « phe de Stagyre que du génie rêveur de Platon. Et « cela explique les relations qui existent entre son « enseignement et la doctrine aristotélique.

« Mais il est juste de convenir qu'en pénétrant de « l'esprit chrétien l'œuvre d'Aristote, saint Thomas l'a « merveilleusement ennoblie et transformée (2)... »

(1) Dante, *Purgatorio*, canto XXIII.

(2) Mgr de la Bouillerie, *l'Homme*, introduction, p. 161.

Saint Thomas, comme philosophe-spiritualiste, dit Gratry (ch. V, p. 226), renferme la substance de ses trois grands prédécesseurs, saint Augustin, Aristote et Platon.

Sur la question essentielle de l'existence de Dieu et de sa détermination, saint Thomas part d'une idée principale, celle d'Aristote, que saint Paul exprime comme suit :

« Dieu invisible, est aperçu par ses effets visibles. »

Parmi les innombrables preuves de l'existence de Dieu, celle de saint Paul est la plus frappante ; elle est à la portée de toutes les intelligences, elle est en quelque sorte instinctive ; en la développant elle me parait irrésistible et devoir produire l'évidence.

En effet, si l'on jette un regard scrutateur sur le monde céleste et terrestre, sur le *Cosmos* en un mot, pour peu que l'esprit en embrasse l'ensemble, l'ordre et l'harmonie ; pour peu que l'œil descende dans les détails, on est frappé d'étonnement et d'admiration.

Si l'on s'élève jusqu'aux régions de l'Empirée sans bornes connues, sans limites sensibles, où règne l'infini, où brillent des astres innombrables, énormes qui tous occupent la place qui leur a été assignée dès le *commencement*, dont les uns tournent à peine sur eux-mêmes, et projettent dans l'espace sans fin des torrents de lumière, dont les autres parcourent sans trêve et régulièrement depuis leur création les orbites qui leur ont été tracées, sans que jamais un accident quelconque vienne altérer l'ordre, la régularité de l'ensemble, bien que tout soit en mouvement ; l'esprit même le plus vaste est confondu à l'aspect de tant de splendeur.

Si des régions éthérées on descend sur la petite planète que nous habitons, et que, guidé par le flambeau de la géologie, on énumère les couches rocheuses qui forment l'écorce du globe, où l'on découvre les restes fossiles des êtres primitifs ; si, quittant ces profondeurs, on porte ses regards sur la surface de la terre où partout règne la vie répandue dans une infinité d'organismes divers, depuis l'humble mousse jusqu'au chêne majestueux, depuis le ciron imperceptible jusqu'à l'éléphant monstrueux, et de là jusqu'à l'homme, le prodige de la création, qui seul de tous les êtres qui jouissent de la vie, peut embrasser par sa pensée, saisir par son intelligence, la sublimité d'une œuvre aussi gigantesque, le philosophe observateur est émerveillé à la vue de tant de grandeur, de tant de perfection, de tant d'unité au milieu de tant de variété !

Quel est l'homme qui, ayant contemplé cette immensité, admiré tant de merveilles, ne reconnaîtra pas qu'une intelligence suprême a dû les précéder, en concevoir le plan, en vouloir la création, leur donner des lois et veiller à leur conservation ?

Or l'intelligence est une propriété de l'esprit, nul ne le conteste ; donc l'esprit a précédé la matière.

Mais l'intelligence n'est pas une substance, un être existant par lui-même ; capable d'action par soi ; l'intelligence est une qualité, un attribut ; il faut donc, pour parler le langage philosophique, chercher son sujet d'inhérence, il faut déterminer quelle est la substance, quel est l'être dont l'intelligence suprême est le sublime attribut.

Cette substance, cet être, cet esprit dont la toute-puissance égale la suprême intelligence, *le monde entier l'adore, le monde entier le nomme* DIEU !

Voilà cette preuve, qu'après Aristote, adopte saint Thomas et que saint Paul, avec la profondeur qui distingue l'Apôtre des nations, exprime par cette formule aussi simple qu'expressive :

« Dieu invisible est aperçu par ses effets visibles. »

Puisant ses inspirations aux deux sources de la vérité, guidé par Aristote, son auteur favori, par saint Paul et par son génie, saint Thomas fut le flambeau de la théologie. Il donna l'appui de sa haute autorité à la philosophie spiritualiste et répandit le plus brillant éclat sur le treizième siècle.

Ses œuvres très nombreuses, parmi lesquelles se distingue l'*Anthropologie*, la *Somme théologique*, et la *Somme philosophique*, etc., lui ont valu le titre de *Docteur angélique*, lui ont survécu, sont une des lumières de l'Eglise catholique, et sont aujourd'hui encore, l'objet d'un culte tout particulier de la part de notre Saint-Père le Pape Léon XIII, restaurateur vénéré des écoles thomistes.

Saint Thomas mourut en 1274, à l'âge de 49 ans.

Après saint Thomas, la philosophie scolastique déchoit, entraînée par Duns-Scott, interprète d'Aristote, spiritualiste comme son maître, et par Occan qui inclinait vers l'empirisme. Elle tombe dans les interminables et puériles discussion des *universaux* et des *nominaux*, des *réalistes* et des *nominalistes*. L'infortuné Abélard tente une conciliation, il invente le *conceptualisme*.

Le spiritualisme l'emporte enfin sous la direction de saint Bonaventure et du savant Gerson, chancelier de l'Université de Paris, auteur d'une théologie mystique (*theologia mystica*). Il entraîne la philosophie dans le mysticisme.

C'est à cette époque que parut, sans nom d'auteur, un petit, mais précieux, incomparable livre, douce consolation de l'âme chrétienne : l'*Imitation de Jésus-Christ*.

Qu'il soit l'œuvre de Thomas à Kempis ou de Gerson, « ce livre, dit Fontenelle, est le plus beau qui soit parti « de la main des hommes, puisque l'Evangile n'en vient « pas. »

V

Philosophie moderne

N'ayant nulle prétention en traçant cette esquisse, d'aborder l'histoire de la philosophie ; je me bornerai à suivre pas à pas les traces du spiritualisme et les luttes incessantes de l'esprit et de la matière à travers le temps, ses orages, ses révolutions.

Je passerai ainsi d'un bond à l'examen des doctrines de deux éminents philosophes contemporains qui inaugurent d'une manière fort éclatante le dix-septième siècle, si remarquable par les grands philosophes spiritualistes qui l'ont illustré ; je nommerai d'abord Descartes, né en 1596, et Bacon de Vérulam, né en 1561 ; l'un et l'autre, suivant leur génie particulier, furent les fondateurs de la *Philosophie moderne*.

Descartes a répandu par son génie des torrents de lumière sur la métaphysique, science de l'esprit ; tout en suivant des voies nouvelles, il s'est élevé aux vérités immuables, éternelles, qui sont le fondement de l'ordre moral :

DIEU, L'AME, L'IMMORTALITÉ !

La philosophie spiritualiste compte Descartes au nombre de ses plus célèbres interprètes.

Bacon, de son côté, a donné une puissante impulsion aux sciences physiques, dont la matière est l'objet et dont le progrès est le caractère essentiel ; Bacon ramène toute la philosopie à l'observation, à l'induction, à l'expérimentation ; il veut une observation qui interroge la nature (1). Il indique ainsi le but de la méthode expérimentale.

Bacon a ouvert la voie aux merveilleuses découvertes qui sont l'honneur des temps modernes, comme de l'esprit humain, et qui, pour tous ceux que n'aveugle pas un puéril orgueil, proclament la toute-puissance de Dieu ! merveilles de la science, dont les ingénieuses applications aux arts industriels ont élevé d'une manière si remarquable le niveau du bien-être général.

Mais qu'on y prenne garde, il y a ainsi une différence essentielle, fondamentale, entre les sciences *métaphysiques* et les sciences *physiques*.

Les premières conduisent à des vérités *absolues* dont la *stabilité*, l'*immutabilité* est l'essence.

(1) Voir : *Novum organum*, tit. 1er, aphor. 124.

Les autres vivent de *faits*, de *recherches*, de *découvertes*, de *mouvement ;* leur essence est le *progrès !*

Gardons-nous de méconnaître cette différence, ces caractères distinctifs ; gardons-nous de confondre ces deux ordres de sciences ; cette confusion, si générale aujourd'hui, est la source principale des erreurs qui nous divisent.

Je passerai sous silence les débuts de la Renaissance, qui ne me présentent rien d'intéressant à mon point de vue, si ce n'est le grand évènement politique qui en est le fait capital, soit la prise de Constantinople par Mahomet II en 1453.

Les conséquences de la chute de ce dernier vestige de l'empire de Constantin furent immenses sur la marche de la philosophie, en répandant, avec l'émigration, dans toute l'Europe, les trésors littéraires et philosophiques qui y avaient été conservés, à l'abri des barbares, pendant plus de dix siècles.

« Quand la Grèce philosophique et littéraire apparut
« à l'Europe, elle exerça sur elle, dit Cousin, une sorte
« de fascination ; elle l'enivra, et le caractère de la
« philosophie de cette époque est l'imitation de la phi-
« losophie ancienne, sans mesure critique. »

Dès lors, attendons ; à l'arrivée du XVIIe siècle, nous retrouverons les heureux effets de cette bienfaisante diffusion des lumières de l'antiquité.

Le caractère essentiel de la Philosophie moderne est son émancipation, son retour à la liberté ! unie, subordonnée à la théologie depuis saint Augustin, sous le nom de *Philosophie scolastique*, elle ne s'en trouve pas mal, quant à la conservation des vérités fondamentales, mais ses allures étaient gênées, l'esprit humain n'était pas dans son atmosphère naturelle. D'ailleurs, Aristote et ses doctrines, plus ou moins altérées, avaient pris un tel empire, que la raison subissait un véritable esclavage.

Aristote passait pour infaillible ; on croyait pouvoir terminer toutes les discussions par ces paroles : *Le maître l'a dit.*

Descartes comme Socrate, son illustre prédécesseur, qu'il connaissait peu ou qu'il ne connaissait pas, a supporté bien des persécutions. Les choses arrivèrent même à ce point, que ce grand homme, le flambeau de la philosophie, le vainqueur du matérialisme et de l'athéisme ; Descartes, le plus profond philosophe des temps modernes, fut poursuivi et condamné ; l'enseignement de ses doctrines fut interdit à la Sorbonne, et enfin, malgré la défense éloquente du grand Arnauld de Port-Royal, malgré les efforts du cardinal de Bérulle, malgré Bossuet et bien d'autres, Descartes fut condamné par le Conseil du Roi.

L'arrêt, du 30 janvier 1675, dit textuellement :

« On ne doit pas s'éloigner de la physique d'Aristote, « pour s'attacher à la doctrine nouvelle de M. Des- « cartes, que le Roi a défendu qu'on enseignât pour « de bonnes raisons, etc. »

Le retour à la liberté était donc devenu une nécessité, l'autorité avait dépassé les justes limites de ses attributions ; mais, hélas ! cette conquête a coûté cher à la vérité ; la saine philosophie en a profité sans doute ;

la gloire du XVIIe siècle l'atteste, mais la sophistique en a largement abusé ; l'erreur a grandi à l'ombre de la liberté, elle s'est implantée, elle déborde ; preuve nouvelle que si la raison éclairée par la lumière naturelle peut s'élever jusqu'à la vérité, ce qui est hors de doute, Platon l'a prouvé ; sa fragilité égalant sa puissance, elle a besoin en général d'un guide, d'une boussole qui dirige sa marche !

Reconnaissons dès lors, que l'union de la raison et de la foi, est le plus sûr préservatif de l'erreur !

En 1637, Descartes publia son *Discours sur la Méthode ;* en 1641, il publia ses *Méditations métaphysiques*, et en 1643, ses *Principes de Philosophie ;* voilà, avec la *Géométrie*, la *Diaptrique* et les *Météores*, ses principaux ouvrages.

Descartes, pour arriver à la vérité, prend la voie du doute ; il suppose que tout absolument a besoin d'être prouvé ; il parvient ainsi à la célèbre proposition à laquelle son esprit ne peut pas échapper : « *Je pense, donc je suis.* » Formule qui se rapproche fort de celle de Socrate : « *Connais-toi toi-même.* »

La pensée, voilà, pour ces deux génies originaux, le point de départ de leur système philosophique, comme il était aussi celui de Bossuet : *La connaissance de soi-même*, dit-il, est comme le pivot de toute la philosophie, et doit nous élever à la connaissance de Dieu.

La preuve antologique de l'existence de Dieu, est un des plus grands titres de gloire de Descartes comme métaphysicien ; il puise cette vérité dans l'idée que nous avons de l'absolu, de l'infini.

La voici telle que Descartes la donne dans ses *Méditations :*

« Nous avons l'idée d'un être infini, absolu et souverainement parfait ; d'où nous vient cette idée ?

« Elle ne peut pas venir du néant, car le néant ne produit rien.

« Elle ne peut pas venir des réalités finies, car alors le fini aurait produit l'infini et l'absolu ; l'effet serait supérieur à la cause !

« Donc cette idée vient de Dieu ! Donc Dieu existe. »

Descartes dit encore :

« Puisque je suis une chose qui pense, et que j'ai en moi quelque idée de Dieu, quelle que soit la cause de mon être, il faut nécessairement avouer qu'elle est aussi une chose qui pense, et qu'elle a en soi l'idée de toutes les perfections que j'attribue à Dieu.

« Puis l'on peut derechef rechercher si cette cause tient son origine et son existence de soi-même, ou de quelque autre chose ; car si elle la tient de soi-même, il s'en suit, par des raisons que j'ai ci-devant assignées, que cette cause est Dieu !

« Que si elle tient son existence de quelque autre cause que de soi, on demandera derechef, par la même raison de cette seconde cause, si elle est par soi, ou par autrui ; jusqu'à ce que de degrés en degrés on parvienne enfin à une dernière cause qui se trouve être Dieu (1) ! »

(1) Œuvres de Descartes : *Troisième Méditation*, p. 141.

Descartes consacre sa troisième et cinquième Méditations à développer les preuves nombreuses de l'existence de Dieu. Quant à l'immortalité de l'âme, il la prouve par la différence des attributs de l'âme et du corps ; l'attribut essentiel, distinctif de la substance intelligente, dit-il, *est la Pensée ;* l'attribut de la substance matérielle est l'*étendue.*

L'immatérialité de l'âme suffit à Descartes pour prouver son immortalité.

Tels sont quelques-uns des principes métaphysiques de ce soldat philosophe, dont Cousin a dit :

« Pour quiconque connaît l'histoire de la philosophie, « des sciences et des lettres dans la première moitié du « XVIIe siècle, Descartes est incontestablement, de 1637 « à 1650, le plus grand métaphysicien, le plus grand « mathématicien, le plus grand physicien, le plus grand « physiologiste, après Harvey ; ainsi que le plus grand « prosateur français, avant Pascal (1). »

Après avoir parlé de Descartes et de Bacon, je ne peux pas passer complètement sous silence Leibnitz, leur contemporain ; d'autant plus qu'on a dit de ce philosophe :

« Leibnitz a des égaux, mais il n'a pas de supé- « rieurs. »

« Né à Leipsig en 1646, Leibnitz appartient, dit « Cousin, à cette famille d'esprits puissants qui ont

(1) Voir : Cousin, *Histoire de la Philosophie*, 8me leçon.

« renouvelé en grande partie la métaphysique et laissé « dans l'histoire de la philosophie une trace immortelle « tels que Socrate, Platon, Aristote, Descartes ; il est « venu le dernier, mais il n'est pas le moindre. »

On a de Leibnitz de nombreux et très importants ouvrages, tels que la *Théodicée*, les nouveaux essais sur l'entendement humain, la *Pratogée*, essai de géologie plein de génie ; il est l'inventeur du calcul différentiel, etc.

Je ne parlerai pas de la *Monadologie,* de l'harmonie préétablie, systèmes inventés par Leibnitz et bien oubliés aujourd'hui, quoiqu'ils aient été destinés à ramener au spiritualisme la philosophie que Habbes, Gassendi et surtout Locke entraînaient au sensualisme, père du matérialisme et de l'athéïsme.

Qu'il me suffise de dire que Leibnitz a eu la gloire de porter, d'un seul mot, un coup mortel au système de Locke, dont l'idée fondamentale est résumée dans la formule fameuse :

« *Il n'y a rien dans l'intelligence, qui n'y soit venu par les sens.* »

Oui, répond Leibnitz ; *excepté l'intelligence !*

La réserve est immense ; l'intelligence, en effet, est une propriété de l'esprit, comme je l'ai dit. Donc, l'esprit a précédé l'impression des sens.

L'intelligence, portée à sa plus haute puissance, est un attribut essentiel de Dieu ; la réserve de Leibnitz, contrairement à la négation qui est la base du système de Locke, affirme donc l'existence de Dieu et de l'âme !

Cette observation, dont la profondeur est si évidente, suffirait pour placer Leibnitz au rang des plus puissants soutiens de la philosophie spiritualiste.

Je dois citer au nombre des principaux organes du spiritualisme, le célèbre Pascal, écrivain brillant, esprit enclin au scepticisme, que la réflexion a ramené au spiritualisme, à la vérité, à la foi, et à la foi la plus austère.

Malebranche, esprit légèrement teinté d'illuminisme, auteur d'un grand nombre d'ouvrages philosophiques qui le rapprochent de Platon son maître, par sa théorie des idées universelles et nécessaires et le placent naturellement parmi les plus éloquents défenseurs du spiritualisme.

Je devrais parler encore de l'anglais Clarke, qui se distingua en combattant les doctrines matérialistes de Hobbes, de Hume, et qui soutint avec talent et distinction au XVIIe siècle la liberté, la spiritualité de l'âme ; et aussi je devrais au moins rappeler plusieurs autres écrivains qui, à cette grande époque, ont soutenu les principes de la philosophie spiritualiste ; mais j'ai hâte d'arriver à deux grands philosophes chrétiens, colonnes solides du spiritualisme, Fénelon et Bossuet, dont les luttes dogmatiques n'ont pas altéré le mérite ; et dont les sages enseignements, la pure doctrine philosophique et religieuse, la salutaire influence, la haute et puissante autorité morale ferment avec éclat le dix-septième siècle, et qui répandirent l'un et l'autre des flots de lumière sur le siècle suivant, envahi déjà par le sensualisme de Locke.

Ce système philosophique introduit, propagé, enseigné, vanté en France par Voltaire, fut bientôt commenté, exagéré, dépassé par Condillac, Diderot, et toute la famille des encyclopédistes, dont les doctrines empiriques, en arrachant du cœur des masses hautes et basses toute idée de Dieu, de l'âme et de son immortalité, la poussant à l'athéisme, ont été la cause première et essentielle des horreurs qui ont ensanglanté la fin du dix-huitième siècle ! Erreurs qui, renouvelées et généralisées aujourd'hui, menacent la fin du dix-neuvième d'un affreux cataclysme, et de la redoutable *liquidation* sociale (1) !

Fénelon, né en 1641, fut archevêque de Cambrai, il fut tout à la fois, dit M. de Carné : poëte, orateur, philosophe, historien. Le chancelier d'Agnesseau dit encore :

« L'archevêque de Cambrai était un de ces hommes
« qui honorent l'humanité par leurs vertus, qui font
« honneur aux lettres par des talents supérieurs. »

Ecrivain de premier ordre, Fénelon est l'auteur du *Télémaque*, du *Traité sur l'Education des Filles*, et d'une foule d'autres ouvrages ; mais son œuvre capitale, est son traité de l'*Existence de Dieu.*

Comme les plus grands philosophes spiritualistes ses prédécesseurs, Fénelon s'applique à démontrer l'existence de Dieu ! Là en effet est la base, la clef de voûte de toute saine philosophie.

L'esprit de l'homme, avide de savoir, flotte à l'aventure, et s'égare infailliblement s'il ne prend Dieu comme

(1) Haindet, le *Parti de la liquidation sociale*. — Paris, 1880.

son point d'appui, comme le guide assuré qui peut seul lui montrer la vérité et l'origine des choses ; s'il ne voit en Dieu la *cause-première* de l'univers, objet de ses recherches incessantes, de toutes ses aspirations ; et qui arrache à saint Augustin cette exclamation :

« Comment être heureux sans posséder la science « des premières causes (1)? »

Parvenu à ces hauteurs métaphysiques, je m'arrête : notre petit monde disparaît à mes yeux éblouis par l'immensité que je découvre !

Je suis suspendu entre deux systèmes cosmologiques qui se partagent le monde philosophique :

Ici, je vois l'intelligence suprême qui a tout devancé, tout conçu, tout ordonné, tout dirigé !

Là, je trouve le hasard aveugle ; la nécessité fatale ; la matière et ses forces sans guide, sans direction transcendante.

Je trouve des atômes éternels, dont la rencontre fortuite sans plan préalable, sans but quelconque, a produit les magnificences qui attirent mon admiration.

Repoussé par l'absurde, je m'éloigne ; je reviens à l'intelligence, sublime attribut de Dieu : je respire !

Avec Dieu, tout change ! tout s'explique ! le plan splendide de la création divine se déroule devant moi ! émerveillé, je m'écrie :

Vive Dieu, Vérité de Vérités !!!

(1) Saint Augustin : *Traité sur le Bonheur.*

Fénelon démontre l'existence de Dieu par des considérations métaphysiques puisées dans la raison de l'homme, redressée quand elle s'égare, par une raison supérieure qui est Dieu lui-même !

« Ah ! que l'esprit de l'homme est grand ! s'écrie Fé-
« nelon. Il porte en lui de quoi s'étonner et se surpas-
« ser infiniment ; ses idées sont universelles, néces-
« saires, éternelles, immuables, et sont la règle de tous
« ses jugements. Si sa raison s'égare, si elle nie ces
« vérités, si elle s'en écarte, l'homme trouve en lui
« quelque chose qui est au-dessus de lui et le ramène
« au but.

« Voilà donc deux raisons que je trouve en moi, dit-
« il : l'une est moi-même, l'autre est au-dessus de moi !

« Celle qui est *moi*, est très-imparfaite, fautive, in-
« certaine, prévenue, précipitée, sujette à s'égarer,
« changeante, ignorante, opiniâtre et bornée ; enfin, elle
« ne possède rien que d'emprunt.

« L'autre est commune à tous les hommes et supé-
« rieure à eux ; elle est parfaite, éternelle, immuable,
« toujours prête à se communiquer en tous lieux, et à
« tous les esprits qui se trompent ; enfin, incapable
« d'être jamais ni épuisée, ni partagée, quoiqu'elle se
« donne à tous ceux qui la veulent.

« Où est-elle cette raison parfaite qui est si près de
« moi ? Où est-elle ? Il faut qu'elle soit quelque chose
« de réel... Où est-elle cette raison suprême ? N'est-
« elle pas le Dieu que je cherche ? » etc. (1).

---

(1) Fénelon : *Traité de l'Existence de Dieu*, 1re partie.

Voilà une des preuves métaphysiques nombreuses que Fénelon donne de l'existence de Dieu !

Bossuet ! Ce nom rappelle la plus grande figure du XVIIme siècle ; justement surnommé *le grand siècle*, car il a commencé par Descartes ; il a vu naître Newton et finit par Bossuet, illustre comme savant philosophe, profond théologien, orateur éloquent, écrivain fécond et disert, et soutien éclairé du plus pur spiritualisme.

Bossuet, le grand évêque de Meaux, réunit en lui seul Platon, saint Thomas, Descartes ; comme ces philosophes spiritualistes, il reconnaît que nous portons en nous-mêmes, des idées *universelles et nécessaires* qui sont l'objet de notre entendement et la règle de nos jugements, à l'aide de ces idées qui sont éternelles, immuables, « ingénérables » et incorruptibles, Bossuet s'élève à Dieu en qui elles résident.

« C'est donc en Dieu, d'une certaine manière qui m'est « incompréhensible, c'est en lui, dis-je, que je vois ces « vérités éternelles, et les voir c'est me tourner vers « celui qui est immuablement toute vérité.

« Cet objet éternel, c'est Dieu, éternellement subsis- « tant, éternellement véritable, éternellement la vérité « même.

« Et en effet, parmi ces vérités éternelles que je con- « nais, une des plus certaines est celle-ci : *Qu'il y a « quelque chose dans le monde qui existe d'elle-même, « par conséquent qui est éternelle et immuable...*

(1) Bossuet : *Connaissance de Dieu et de soi-même*, ch. X.

« Cet objet éternel, c'est *Dieu !* éternellement subsis-
« tant, éternellement véritable, éternellement la vé-
« rité même » (1).

Quant à l'âme, Bossuet écrit :

« Dieu est esprit, dit le Seigneur, et ceux qui l'adorent
« doivent l'adorer en esprit et en vérité, or il ajoute :
« l'esprit seul est capable d'intelligence ; les sensations
« d'elles-mêmes ne font pas partie de la nature spiri-
« tuelle, parce qu'elles sont totalement assujetties aux
« objets corporels et aux dispositions corporelles.

« Ainsi la spiritualité commence en l'homme où la
« lumière de l'intelligence et de la réflexion commence
« à poindre, parce que c'est là que l'âme commence à
« s'élever au-dessus du corps ; et non-seulement à s'é-
« lever au-dessus, mais encore à le dominer et à s'atta-
« cher à Dieu, c'est-à-dire au plus spirituel, au plus
« parfait de ses objets.

Pour ce qui est de l'immortalité de l'âme, elle découle naturellement de sa nature spirituelle.

« Si l'âme est une substance distincte du corps, par
« la même raison, ou à plus forte raison, Dieu lui con-
« servera son être ; n'ayant pas de parties, elle doit sub-
« sister éternellement dans toute son intégrité... (1). »

Après avoir inspiré pendant tout le XVIIe siècle les célèbres philosophes dont je viens de rapporter les glo-

(1) Bossuet : *Connaissance de Dieu et de soi-même*, ch. XIII.

rieux noms, le spiritualisme se couvre d'un voile, paraît abandonner la France, et livrer notre belle patrie au sensualisme de Locke et à la néfaste influence de Voltaire.

C'est à l'Allemagne et à l'Ecosse que nous sommes obligés de demander d'illustres représentants de la saine philosophie ; Kant, Reid et sa brillante école, nous consolent de l'éclipse philosophique de la France.

Kant, né à Kœnigsberg, en 1724, doit être rangé parmi les plus illustres philosophes spiritualistes ; Kant en effet est par dessus tout idéaliste ; il fait à l'empirisme une guerre à outrance ; il lutte avec intrépidité contre les tendances de son siècle ; il combat vigoureusement le matérialisme de Hume ; à l'aide de la raison pure, Kant arrive avec certitude à Dieu, à l'âme, à la liberté de la pensée.

Le philosophe de Kœnigsberg est assurément un des plus grands esprits que présente l'histoire de la philosophie ancienne et moderne ; il est l'auteur très apprécié :

De la critique de la Raison pure, de la Raison pratique, du Jugement, etc.

Ce grand homme est d'un trop grand poids dans la famille philosophique pour qu'on hésite à le ranger au nombre des soutiens du spiritualisme, et cependant, telle est la fragilité de l'esprit humain, Kant, l'illustre Kant, dont l'influence en faveur de la vérité, eût été si féconde et si salutaire, entraîné par son esprit systématique, est tombé de subtilités en subtilités, dans une erreur immense, irréparable, qui s'est répandue à travers sa doctrine, et qui a corrompu à sa source la philosophie allemande contemporaine !

En effet, après être parvenu, à l'aide de la raison, aux plus hautes vérités, Kant détruit son œuvre en faisant résider la raison pure, toute pure qu'elle est, dans un sujet déterminé, soit en la rendant *subjective,* selon son expression. Il la dépouille de toute valeur en dehors de la pensée individuelle. L'illustre philosophe allemand, esclave de son système, tombe encore dans la même erreur, quand prenant le *devoir* comme fondement de la marche, et lui donnant pour base de certitude la conscience, en quoi on ne peut que l'applaudir, il réduit son œuvre à néant en faisant rentrer la conscience dans la sensibilité, soit en la rendant subjective, en lui enlevant tout caractère d'universalité. La conscience est évidemment la source de la certitude primitive et permanente, où l'homme se repose naturellement, mais la conscience n'est pas une faculté particulière, et encore bien moins une faculté qui tienne à la sensibilité ; car s'il en était ainsi, il y aurait autant de consciences que d'individus !

« La conscience, c'est l'intelligence, la raison pré-
« sente à elle-même et s'éclairant elle-même, en fait nul
« acte d'intelligence n'est dépourvu de conscience » (1).

Reid, né en 1710 en Ecosse, fut d'abord un modeste pasteur d'une petite paroisse ; il passe quinze ans dans la retraite, en s'étudiant lui-même, et mettant ainsi en pratique les préceptes de Socrate : *Connais-toi toi-*

(1) Cousin : *Histoire de la Philosophie,* p. 552.

même. » Devenu professeur de philosophie à Aberden, et de là à Glascow, Reid, à l'aide de son bon sens, renouvela la métaphysique ; il exposa avec tant de clarté sa méthode à laquelle il déclare qu'il doit tout, qu'il devint chef d'une grande école spiritualiste d'où sont sortis, outre plusieurs professeurs et écrivains de mérite, six hommes dont la réputation européenne s'est maintenue jusqu'à nous ; soit Hutchison, Smith, Beati, Fergusson, Dugelet-Steward, et Reid leur chef ; parmi ces hommes célèbres, Smith a presque créé l'économie politique, et Reid a eu l'honneur de fonder une école célèbre ; ses œuvres traduites par le savant Jouffroy forment six volumes qui constituent le plus beau monument qui ait été élevé à la philosophie spiritualiste.

Reid, dans sa longue et savante polémique contre Hume, Berkeley et Locke, a rétabli le dogmatisme de la nature inaccessible, et inébranlable à tous les efforts du scepticisme ; il a relevé la véritable philosophie, celle qui veut bien se contenter de n'être que l'interprète de la nature et de Dieu !

C'est à ce point qu'on a pu dire de lui avec raison :

« Le genre humain avait perdu ses titres en philo-
« sophie, Reid les lui a rendus (1). »

(1) Cousin : *Histoire de la Philosophie*, xme leçon.

VI

La philosophie nouvelle ou la philosophie sans Dieu.

Tandis que, réfugié en Ecosse, le spiritualisme y brille de tout l'éclat de la vérité, pendant que Reid et son école rendent à la philosophie spiritualiste son influence et sa gloire ; le sensualisme de Locke, le scepticisme de Voltaire, l'athéisme de l'école encyclopédique, couvrent la France des ténèbres de l'erreur et la plongent dans le dédale de maux qui ont signalé les dix dernières années du dix-neuvième siècle !

Je n'ai pas à m'occuper de cette époque néfaste.

L'illustre écrivain, feu M. Thiers, ainsi, et mieux que bien d'autres, en a tracé le désolant tableau (1).

Toute idée de spiritualisme était éteinte ; les écoles philosophiques étaient fermées, le culte de Dieu était proscrit, ses ministres dispersés ou mis à mort, le sang français coulait à flots !

Au début du dix-neuvième siècle, la philosophie spiritualiste commence de nouveau à faire entendre sa voix ; deux éminents écrivains philosophes spiritualistes, de Bonald et Joseph de Maistre, adressent à la France dont ils étaient émigrés, de nombreux et remarquables

(1) Thiers, *Histoire de la Révolution*.

écrits empreints à la fois de principes politiques, religieux et spiritualistes.

Un jeune héros, après avoir étonné le monde par sa valeur, Napoléon Ier s'empare de la France, se hâte de faire la paix avec le Saint-Siège, et donne une preuve éclatante de sa haute intelligence en signant le Concordat de 1802; il rend ainsi à l'Eglise catholique le libre exercice du culte et son action bienfaisante.

Presque au même moment, la voix enchanteresse de Chateaubriand, à l'aide de son *Génie du Christianisme*, rappelle la sérénité dans les esprits, les ramène à Dieu en leur montrant dans des pages admirables, les beautés et l'esprit purement spiritualiste de la foi chrétienne.

Bientôt trois écrivains de génie, ardents spiritualistes chrétiens, se concertent, s'unissent et fondent le journal l'*Avenir*, pour la défense de la vérité. Entraînés au-delà du but, ils s'égarent; la voix infaillible de l'Eglise les arrête, les censure.

Lacordaire et Montalembert baissent la tête, se soumettent humblement; l'orgueil de l'abbé de Lamennais s'irrite, et seul des trois fondateurs de l'*Avenir*, il résiste, et au glorieux titre de Fils soumis de l'Eglise, de Lamennais préfère celui de *Révolté!*

Alors une véritable pléïade d'éminents philosophes chrétiens, écrivains spiritualistes, professeurs éloquents, entrent en lice.

Royer-Collard eut le premier le mérite, l'honneur de ramener le spiritualisme dans l'enseignement philosophique et dans la pensée publique. Il eut la bonne fortune d'avoir pour ami Maine de Biran, observateur profond et métaphysicien subtil, spiritualiste savant; et pour élève Victor Cousin, qui lui succéda et brilla d'un éclat remarquable dans la chaire de philosophie, où il a laissé un précieux souvenir parmi les nombreux élèves qui suivaient ses cours, ainsi que par des ouvrages très remarquables.

A côté de Cousin, brille Jouffroy, maître accompli dans l'art d'observer les faits psychologiques, intellectuels et moraux.

Royer-Collard, Maine de Biran, Cousin et Jouffroy, ce sont là les restaurateurs et les chefs glorieux de l'école spiritualiste en France au dix-neuvième siècle; les uns et les autres ont fait reposer la philosophie sur la psychologie (étude de l'âme, de la pensée). Partant de l'observation des faits, de leur contenu, de leur loi, ils ont élevé, à l'aide de l'observation, la psychologie au rang de science exacte. Ils ont mis en pleine lumière le vrai principe de la morale, la distinction du bien et du mal moral en soi, et la loi du devoir, à quoi la sainte loi du Christ ajoute la sanction divine, soit la doctrine des peines et des récompenses.

Ces sages philosophes ont établi solidement le fait de la liberté humaine, sur lequel repose la loi du *mérite* et du *démérite;* ils ont tous reconnu le fait du libre arbitre de l'homme et de la responsabilité qui en est la conséquence. Ce sont là les bases indispensables de tout état social régulier, sans lesquelles disparait toute liberté civile dans la vie terrestre, et toute espérance pour la vie future.

Tous ils ont reconnu, comme leurs prédécesseurs, qu'il y a dans l'homme des principes *universels* et *nécessaires* qui se manifestent et règnent invinciblement dans l'esprit humain, qui sont en lui, mais ne sont pas de lui ; qui sont la règle de ses jugements ; principes inhérents à l'âme humaine, qui constituent son essence, sa raison d'être, sa condition d'existence.

« Les philosophes, dit M. Guizot, qui ont reconnu
« l'existence de ces principes *universels et nécessaires*
« leur ont donné des noms divers et les ont énumérés
« et classifiés diversement.

« Mais qu'ils les appellent *idées,* ou *idées innées,*
« ou *lois*, ou *formes*, ou *catégories* de l'entendement,
« soit qu'ils en restreignent ou qu'ils en étendent le
« nombre, ils sont tous d'accord sur leur nature et les
« déclarent inhérents à l'esprit humain lui-même qui
« les introduit pour ainsi dire de son propre fond, dans
« la connaissance qu'il prend du monde extérieur, mais
« ne les lui emprunte pas.

« L'école spiritualiste tout entière reconnaît Dieu
« comme l'être en qui ces principes nécessaires résident
« et de qui l'homme les reçoit (1). »

A l'ombre de ces saines et sages doctrines se sont développées des œuvres admirables et innombrables indiquant le retour aux idées de pur spiritualisme, qui ont signalé le *réveil chrétien*, lequel a été le caractère de la première moitié du dix-neuvième siècle.

En parcourant le manuel des *Œuvres et Institutions de charité de Paris*, publié en 1852 par ordre de Monseigneur Sibour, on voit qu'en dehors des établissements administratifs, il a été créé à Paris, pendant les cinquante premières années du siècle, 107 institutions ou associations de charité.

Je me bornerai à en citer deux qui montrent toute la puissance du principe divin de la charité chrétienne, quand il est bien dirigé.

---

(1) Guizot, *Méditations sur l'état actuel de la Religion*, t. II, p. 218.

Ainsi, en 1822, deux pauvres servantes de Lyon imaginent de recueillir parmi les personnes de leur connaissance *un sou par semaine* pour aider à la conversion des infidèles. Voilà l'origine de l'*Œuvre de la Propagation de la Foi*, qui, en 1852, comptait plus de 1,500,000 associés, recevait et distribuait en 1864 la somme énorme de *cinq millions* de francs appliqués au soutien des missions catholiques.

En 1833, Ozanam et huit de ses amis imaginent de créer l'association de saint Vincent de Paul, pour venir en aide aux indigents de leurs quartiers.

L'œuvre se développe si bien que vingt ans plus tard, elle comptait à Paris plus de deux mille associés et visitait plus de cinq cents familles d'indigents.

En 1853, le même Ozanam, mourant, disait à Florence : « Au lieu de *huit*, à Paris seulement nous sommes « 2,000, et nous visitons 5,000 familles, c'est-à-dire « environ 20,000 individus (1). »

Mais si les premières années du XIXme siècle ont vu renaître le spiritualisme et briller son enseignement ; si la première moitié de ce siècle si fécond en merveilles scientifiques et industrielles, a été caractérisée par le réveil chrétien et ses œuvres admirables, l'empirisme du dix-huitième et l'athéisme de l'école encyclopédique ont bientôt repris leur empire, et produit les plus tristes ravages dans les esprits, en appelant à leur aide, le sensualisme, le positivisme, le darwinisme, le nihilisme, le panthéisme, le naturalisme, l'idéalisme, le socialisme,

(1) Guizot, *Méditations*, t. II, p. 82.

l'internationale, et la redoutable franc-maçonnerie, etc., formes diverses du pur matérialisme ; doctrines qui toutes partent d'un seul et même principe : de la négation de tout surnaturel, de tout spiritualisme et de Dieu lui-même, et tendent toutes au même but : la *déchristianisation universelle*.

« De là cette négation obstinée de la distinction de « deux principes dans l'homme, de la vie future, de « toute réalité transcendante, de Dieu réel et vivant (1). »

VII

Le Sensualisme

Il est regrettable de le dire, mais les faits parlent trop haut, pour qu'il soit possible de taire la vérité.

Le sensualisme, la sensualité, l'amour désordonné des jouissances sensuelles, a pris de nos jours un développement inconnu jusqu'ici. *Jouir* paraît être l'unique but de la vie !

Les progrès étonnants opérés dans les sciences physiques et chimiques, les admirables découvertes dues à ces progrès et à la méthode expérimentale ; les ingé-

(1) Caro, *De Dieu*, p. 502.

nieuses applications qui en ont été faites aux besoins des hommes et qui ont donné un si grand essor à l'industrie et au commerce ; l'énormité des valeurs mobilières qui ont été créées ; les milliards d'or métalliques extraits des mines du Pérou, de la Californie et surtout de l'Australie, répandus dans le commerce, n'ont pas seulement accru la fortune publique, surexcité les besoins, fait naître les extravagances d'un luxe désordonné, développé plus que jamais la soif de l'or, provoqué les audaces de l'agiotage ; ces causes réunies ont rendu plus sensibles les inégalités sociales ; elles ont rempli de haine et d'envie les déshérités et créé l'antagonisme le plus inquiétant entre le *capital* et le *salaire !*

VIII

Le Positivisme

Quant au positivisme qui se propage rapidement autant parmi les ouvriers que parmi les lettrés, il est l'œuvre d'Auguste Comte.

De 1830 à 1842, cet écrivain, avec l'idée fixe qu'il était appelé à régénérer, par la seule force de sa doctrine, la science humaine ainsi que la société humaine, fit paraître les six volumes de son *Cours de philosophie*, où il étudie *les forces qui appartiennent à la matière et les conditions ou lois qui régissent ces forces;* il jette les bases fondamentales de la philosophie positive ; déclare comme absolument impossible et vide de sens la recherche de ce qu'on nomme les *causes soit premières, soit finales;* et affirme que sa philosophie positive est *incompatible* avec *toute tendance religieuse, toute théologie* et *toute métaphysique.*

MM. Littré à Paris, et Stuard-Mill à Londres, se hâtèrent d'adopter ces doctrines ; ils s'en déclarèrent partisans et en devinrent les propagateurs. Un nombre considérable d'hommes et d'écrivains se rallièrent bientôt à ce système ; la presse, toujours avide de nouveautés, s'en empara tant en France qu'en Angleterre, et le *positivisme* fut fondé ; dès lors cette doctrine matérialiste fait son chemin, se développe et grandit ; après s'être emparée de la presse périodique, de la littérature, du théâtre, de l'atelier, de l'école, elle a été accueillie à l'Académie française ; elle a escaladé le pouvoir, où ses partisans règnent et dictent les lois !

IX

Le Darwinisme

Quant au darwinisme, puissant auxiliaire du positivisme, dont j'ai démontré ailleurs (1) l'inanité, et que l'on peut qualifier d'*hérésie scientifique ;* voici ce

(1) Voir : *Le Matérialisme, voilà l'ennemi !*

qu'en dit le secrétaire perpétuel de l'Académie des sciences feu le savant Flourens :

« Le livre de M. Darwin (origine des espèces) a déjà « pour lui presque tout le monde ; il a gagné d'abord « tous ceux qui pensent à peu près de même, et le « nombre en est grand.

« Il peu d'esprits, d'ailleurs, assez fermes pour con- « templer d'un œil assuré l'inébranlable fixité des es- « pèces, et cette éternelle immobilité des êtres, qui les « fait se succéder d'un cours régulier, et toujours éga- « lement distincts, également séparés, à une égale dis- « tance les uns des autres.... C'est là le grand spec- « tacle et le grand côté des choses ; les petites varia- « tions, plus à notre portée, nous absorbent.

« Les petits phénomènes nous font oublier les « grands... (1) »

X

Le Nihilisme

Quant au nihilisme, qui n'a pas franchi les limites de la Russie ; on lit dans le grand ouvrage de P. Deschamps *(les Sociétés secrètes et la Société) :*

« Depuis quinze ans, la Russie... voit une secte puis- « sante par le nombre et l'audace, livrer un assaut fu-

(1) Flourens : *Examen du livre de M. Darwin*, p. 48.

« rieux à la dynastie, à la religion nationale et à toutes « les bases de la Société. Les revendications des socia- « listes les plus égalitaires, ou des jacobins les plus « radicaux, sont étrangement dépassées, et la secte « écrit elle-même sur son drapeau ce mot sinistre : *Nihi-* « *lisme*, c'est-à-dire la destruction pour la destruction. »

L'assassinat du tzar Alexandre II, à St-Pétersbourg, en mars 1881, par l'éclat foudroyant d'une bombe, au retour d'une brillante revue, et après cinq tentatives infructueuses contre la vie de ce puissant empereur, donne la mesure de l'audace et des vues de cette secte sauvage, bien qu'elle soit limitée toutefois aux classes cultivées de cette nation.

« En effet, jusqu'à présent, dit le P. Deschamps, ses « adeptes les plus nombreux sont recrutés parmi les pro- « fesseurs et les étudiants ; des officiers appartenant à « la noblesse peu aisée ; des fonctionnaires et des insti- « tuteurs commencent à s'y affilier ; mais les paysans et « les ouvriers des villes paraissent jusqu'ici y rester « étrangers ; chose remarquable, des femmes en grand « nombre sont affiliées à la secte nihiliste... (1) »

(1) P. Deschamps : *Les Sociétés secrètes et la Société*, t. II., p. 577, Paris 1880.

XI

Le Panthéisme

Le vieux panthéisme de Spinosa peut être considéré comme la doctrine philosophique que préfère M. Renan, un des quarante de l'Académie française. Esprit fin et délicat, écrivain élégant et nuageux, critique dédaigneux, panthéiste sentimental épris du divin qu'il réduit à l'idéal et qu'il abaisse en le rendant individuel.

Ainsi M. Renan écrit :

« C'est l'âme qui *est*, et le corps paraît être; mais « comment l'âme entre-t-elle au nombre des réalités? « Quelle est son origine ?

« L'âme n'a rien de matériel; elle naît à propos de « la matière ; l'ancienne hypothèse de deux substances « accolées pour former l'homme, hypothèse qui en tout « cas doit être maintenue pour la commodité du lan- « gage, est vraie, si l'on entend parler de deux ordres de « phénomènes dont l'un dépasse l'autre de toute la dis- « tance de l'infini ; mais elle est fausse si l'on entend « soutenir qu'à un certain moment de l'existence orga- « nique un nouvel être vient s'adjoindre à l'embryon « qui auparavant ne méritait pas le nom d'homme...

« L'âme est une *résultante*, mais une résultante plus « réelle que la cause qui la produit et sans commune « mesure avec elle... (1) »

M. Renan écrit encore :

« Dieu est *immanent* non seulement dans l'ensemble « de l'univers, mais dans chacun des êtres qui le com- « posent ; seulement il ne se connaît pas également « dans tous.

« Dieu se connaît plus dans la plante que dans le ro- « cher ; dans l'animal que dans la plante ; dans l'homme « que dans l'animal ; dans l'homme intelligent que dans « l'homme borné ; dans l'homme de génie que dans « l'homme intelligent ; dans Socrate, dans le Christ que « dans Boudha. Voilà la thèse fondamentale de toute « notre théologie. (2) »

XII

Le Naturalisme

Le naturalisme est la nuance philosophique que préfère M. Taine, collègue de M. Renan à l'Académie française et comme lui partisan de la philosophie nouvelle.

(1) Renan : *Essai de Morale et de Critique*, p. 65.
(2) Renan : *Avenir des Sciences naturelles.*

Ecrivain élégant et fécond, le genre de M. Taine est épigrammatique et railleur; il a une aversion prononcée contre toute réalité métaphysique, et un mépris profond pour tout ce qui n'est pas phénomène ou loi.

Peu s'en faut qu'il adore la nature !

Voici l'autel qu'il lui élève :

« Au suprême sommet des choses, au plus haut de « l'éther lumineux et inaccessible, se prononce l'axiome « éternel ; et le retentissement prolongé de cette *for-* « *mule créatrice* compose, par ses ondulations inépui- « sables, l'immensité de l'univers.

« Toute forme, tout changement, tout mouvement, « toute idée est un de ses actes ; elle subsiste en toutes « choses, et elle n'est bornée par aucune chose ; la ma- « tière et la pensée ; la planète et l'homme ; les entas- « sements de soleils et les palpitations d'un insecte ; la « vie et la mort ; la douleur et la joie, il n'est rien qui « l'exprime toute entière ; elle remplit le temps et l'es- « pace, et reste au-dessus du temps et de l'espace ; elle « n'est pas comprise en eux, et ils se dérivent d'elle. « Toute vie est un de ses moments ; tout être est une « de ses formes, et les séries des choses descendent « d'elle selon des nécessités indestructibles, reliées par « les divers anneaux de sa chaîne d'or.

« L'indifférente, l'immobile, l'éternelle, la toute-puis- « sante, la créatrice, aucun nom ne l'épuise, et quand « se dévoile sa face sereine et sublime, il n'est point « d'esprit d'homme qui ne ploie, consterné d'admira- « tion et d'horreur. Au même instant cet esprit se re- « lève ; il oublie sa mortalité et sa petitesse ; il jouit par

« sympathie de cette intimité qu'il pense et participe à « sa grandeur... (1) »

Et c'est à la *nature* et non à son divin Auteur que M. Taine destine ce trône éclatant et vraiment royal !

Il sait mieux que personne toutefois, cet écrivain aussi distingué qu'éclairé, que, comme l'enseigne Buffon : « La nature est le système des lois établies par le « Créateur pour l'existence des choses créées et pour « la succession des êtres. » Il sait fort bien, ce savant, que personnifier la nature, en faire un être intelligent, pensant, et agissant par lui-même, serait une erreur, une pure idolâtrie.

Tyrannie de l'esprit de système !

Que M. Taine rende à Dieu ce qui est à Dieu ! Tous les admirateurs sincères de son beau talent l'applaudiront !

XIII

L'idéalisme

L'idéalisme que nous avons vu déjà paraître dans l'antiquité, avec Pythagore, est une doctrine philosophique essentiellement allemande ; illustrée par le célèbre Kant, elle a été détournée de sa voie par les excen-

(1) Taine : *Les Philosophes français.*

tricités de Hegel et de son école. L'idéalisme est représenté avec éclat en France, particulièrement par M. Vacherot, auteur d'un savant ouvrage philosophique : *la Métaphysique et la Science.*

M. Vacherot, contrairement à l'école positiviste, reconnaît la nécessité de la métaphysique, et lui attribue pour but :

« D'exposer la vraie pensée philosophique de notre « siècle; de dégager des obscurités naïves, ou calculées, « qui l'enveloppent, la conception de l'idéal, du parfait « dont l'imagination a fait une idole, dont l'induction « scolastique a fait une entité intelligible, dont il appar- « tient à notre siècle de faire une idée positive, scienti- « fique, aussi réelle dans son objet que simple dans sa « démonstration; de substituer le *Dieu de la raison* « *pure* dans sa sublimité abstraite, à toutes les formes « raffinées de l'idolâtrie psychologique, non moins « contraire à la science que les formes grossières de la « superstition populaire; d'en finir avec le *Dieu-Esprit,* « tout aussi bien que la théologie régnante en a fini « avec le *Dieu-Nature* (1). »

Après un si brillant début, on était en droit d'attendre de M. Vacherot une solution définitive du grand problème de l'univers; on pouvait espérer que le *Dieu de la raison pure* déchirerait enfin le voile qui cache aux humains ce Dieu que proclament et le ciel et la terre!

Vain espoir ! De subtilités en subtilités, d'abstractions en abstractions, M. Vacherot réduit le Dieu de la rai-

(1) Caro, l'*Idée de Dieu*, p. 269.

son pure à un simple idéal, et résume son système philosophique en cette formule :

« Dieu est l'*idée* du monde, le monde est la *réalité* « de Dieu (1). »

Ainsi donc, si au milieu de cette mêlée de doctrines diverses, on cherche à s'orienter au milieu d'un riche et pompeux langage ; si l'on tient à connaître quel est l'esprit, l'idée-mère de la *philosophie nouvelle*, on se persuade facilement que, si ses représentants même les plus distingués, ne sont pas d'accord entre eux, sur la nature et l'existence de Dieu, base et fondement de toute saine philosophie ; tous peuvent être ramenés à un seul et même principe, soit au matérialisme, à la *négation de Dieu.*

Le Dieu immanent (Renan) ; le Dieu-nature (Taine) ; le Dieu-idée (Vacherot) ; ce Dieu sans réalité objective n'est qu'un vain mot !

Si Dieu n'est pas *l'Esprit éternel, le premier des êtres, l'être nécessaire, l'être doué de la suprême intelligence, cause première de tout ce qui* EST, *visible et invisible;* si Dieu n'est pas *un être personnel, vivant, aimant ; un être distinct, séparé du monde, créateur tout-puissant du monde, providence du monde,* il n'est rien !

« Dieu n'est qu'une *conception.* » (Vacherot.)

« *Inane nomen.* » (Dycéarque.)

Mieux vaudrait sans aucun doute avoir le courage, la franchise de son opinion, quelque erronée qu'elle

(1) Vacherot, *la Métaphysique et la Science*, t. II, p, 501.

puisse être, que de profaner le nom sacré de Dieu, tout en le couvrant de fleurs !

Mieux vaudrait dire crûment, avec le professeur Buchner de Berlin :

« Il n'y a dans la nature que la matière et ses lois. »

Mieux vaudrait encore affirmer sans détours, les principes de la philosophie nouvelle, dont on est partisan peu déguisé !

Rejeter tout surnaturel, tout spiritualisme, toute métaphysique, et même l'idée de Dieu !

Dédaigner toute recherche des origines et des causes finales !

N'ajouter foi qu'aux témoignages des sens !

Déclarer avec M. Taine :

« Qu'il n'y a au monde que des faits et des lois, des « évènements et leurs rapports (1) ! »

Matérialiser complètement la philosophie !

Réduire la science, dont on vante avec raison, les merveilles, à la

PHÉNOMÉNOLOGIE !

Mais que dirait le grand Bacon, l'inspirateur de la précieuse méthode expérimentale, fort appréciée par les partisans de la philosophie nouvelle? Que dirait ce philosophe dont le nom, d'un commun accord, est placé

(1) Caro, *l'Idée de Dieu*, p. 211.

au-dessus de tout éloge? Il va nous répondre lui-même, s'adressant à Dieu :

« Tes créatures ont été mes livres, mais tes écritures « bien davantage; je t'ai cherché dans les cours, dans « les champs, dans les jardins, mais je t'ai trouvé dans « tes temples (1). »

Que dirait l'immortel Newton, le scrutateur des cieux? Lord Brougham, le célèbre chancelier d'Angleterre, auteur d'un discours sur la théologie naturelle, nous l'apprendra :

« Où se repose Newton, dit-il, après avoir soulevé les « voiles les plus épais qui enveloppaient la nature; après « avoir saisi et arrêté dans leur course les plus subtils, les « plus rapides de ces éléments, après avoir parcouru les « régions de l'espace sans fin, après avoir exploré les « mondes au-delà de la route que parcourt le soleil, après « avoir annoncé ces lois qui maintiennent l'univers dans « un ordre éternel? Il s'arrête comme par une inévitable « nécessité, devant la contemplation de la grande *cause* « *première*, et il tire sa plus grande gloire d'en avoir « démontré l'existence, et d'en avoir mieux fait com- « prendre aux hommes la haute sagesse, ainsi que les « dispensations de sa puissance (2). »

Que dirait l'allemand Kleper, un des plus grands astronomes que Dieu ait donné au monde? Il avait

(1) Bacon, *Œuvres choisies*, t. IV.
(2) Lord Brougham, *Discours sur la Théologie naturelle*.

devancé Newton de plus d'un demi-siècle. Admirateur du système de Copernic, si remarquable de simplicité et de vérité, qu'il modifia en prouvant que les orbites décrits par les planètes autour du soleil sont des *ellipses* et non des *cercles complets*, comme pensait l'immortel législateur des astres, l'auteur du célèbre traité *de Revolutionibus Cœlestium.*

Kleper, dit Buckland, termine un de ses ouvrages sur l'astronomie par la prière suivante :

« Avant de quitter cette table sur laquelle j'ai fait « toutes mes recherches, il ne me reste plus qu'à élever « mes yeux et mes mains vers le ciel et à adresser avec « dévotion mon humble prière à l'Auteur de toute lu- « mière : Oh ! toi, qui, par les lumières sublimes que tu « as répandues sur toute la nature, élève nos désirs « jusqu'à la divine lumière de la grâce, afin que nous « soyons un jour transportés dans la lumière éternelle « de ta gloire, je te rends grâce, Seigneur, etc. »

Que dirait le suédois Linné, le prince des naturalistes, émule modeste d'Aristote, de Pline, de Buffon, de Cuvier lui-même ; le grand réformateur de la botanique, l'inventeur du système sexuel des plantes?

J.-J. Virey, son biographe, sera aussi son interprète : « Linné, écrit-il, ce grand naturaliste, fut éminemment « religieux, recherchant et découvrant partout, comme « Newton, les vestiges d'une Sagesse infinie et suprême. »

Que dirait encore le savant géologue anglais, Buckland? Après avoir sondé les profondeurs de l'écorce du globe terrestre, analysé toutes ses roches, décrit la nature diverse des couches qui la composent, fait connaître les innombrables fossiles, médailles commémoratives des temps primitifs qu'elles recèlent, il s'écrie dans son admiration :

« L'ensemble des faits que dévoile l'étude de la
« géologie, nous montre dans l'Histoire physique de
« notre globe, là où beaucoup n'ont vu que désolation,
« confusion et désordre, des preuves en nombre infini
« d'économie, d'ordre, d'intelligence ; toutes nos inves-
« tigations dans ces archives non écrites ont eu pour
« résultat d'affirmer notre croyance à l'existence d'un
« *Suprême Créateur* de toutes choses, d'exciter notre
« conviction de l'immensité de ses perfections, de sa
« puissance, de sa majesté, de sa sagesse, de sa bonté
« et de sa providence conservatrice, et de pénétrer notre
« âme du sentiment profond de la haute vénération que
« l'intelligence humaine doit avoir pour Dieu (1) ! »

Toutefois, qu'on ne pense pas que dans l'intérêt de notre thèse, nous puisons nos témoignages dans les âges de crédulité ; la célébrité exceptionnelle des savants cités ci-devant suffirait pour rendre nuls tous reproches à cet égard. D'ailleurs, du sein même de l'Académie française et de nos jours, partent les mêmes protestations contre le système de négation qui constitue le fond de la philosophie nouvelle.

Ecoutons d'abord le savant professeur Biot, le prince des physiciens de notre temps, la gloire des deux Académies française et des sciences :

« Quand notre entendement, dit-il, peut tout au plus

(1) Buckland, *la Géologie et la Minéralogie*, t. Ier.

« arriver jusqu'à reconnaître les dispositions extérieures « de l'organisme, et à saisir les relations intentionnelles « qu'ont entre elles quelques-unes des pièces qui le « composent, il y aurait, ce me semble, une contradic- « tion logique, à ne pas voir au fond de cet ensemble « le *principe intelligent* lui-même, ayant *tout ordonné,* « *tout réglé*.

« Pour moi, je veux du moins avoir la philosophie « de mon ignorance et je dis tout bonnement avec Vol- « taire :

« ..... J'ai sur la nature encore quelque scrupule.
« L'univers m'embarrasse, et je ne peux songer
« Que cette horloge existe, et n'ait pas d'horloger (1). »

Le savant Flourens, un des 40 de l'Académie française, secrétaire perpétuel de l'Académie des sciences, dit à son tour :

« Dès qu'on remonte à la main de Dieu, tout change. « Ce n'est plus une vaine nature, une nature *person-* « *nifiée* et que chacun *personnifie* comme il lui plaît, « que l'on a en face, mais un art, un grand art.

« On passe des systèmes puérils des hommes à la « réalité des choses, et dès qu'on en est là, on voit bien « vite ce que l'on sait, ce qu'on peut savoir, ce qu'on « ignore, il n'y a plus d'illusion possible (2). »

Mais le plus éclatant, le plus beau témoignage que Dieu ait reçu de nos jours, de la science, est sans contre-

---

(1) Biot, *Mélanges scientifiques et littéraires*, t. II, p. 231.
(2) Flourens, *l'Origine des espèces*, p. 64, Paris 1864.

dit celui que vient de rendre à la *divine cause première* M. Pasteur, le bienfaiteur de l'humanité, le révélateur du principe de la vie jusque dans les infiniment petits, ce savant qui en a fini sans retour, avec l'erreur générale des générations spontanées.

Dans la séance du 27 avril 1882, où M. Pasteur est venu occuper à l'Académie française le fauteuil laissé vacant par la mort de M. Littré, où il a été reçu par M. Renan, en sa qualité de directeur, M. Pasteur a mis le sceau à sa gloire comme savant, en affirmant hautement devant l'Académie ses principes essentiellement spiritualistes et chrétiens, en face de l'auteur de la *Vie de Jésus*, qui présidait la séance et qui, en répondant au savant récipiendaire, n'a pas craint de dire :

« Je ne sais pas si je suis spiritualiste ou matéria-
« liste. »

M. Pasteur a prononcé les paroles suivantes :

« La grandeur des actions humaines se montre à
« l'inspiration qui les fait naître. Heureux est qui porte
« en lui *son Dieu!* son idéal de beauté et qui lui obéit;
« idéal de l'art, idéal de la science, idéal de la patrie,
« idéal des vertus de l'Evangile.
« Ce sont là les sources vives des grandes pensées
« et des grandes actions; toutes s'éclairent des reflets
« de l'infini ! »

Les vrais littérateurs de tous les âges ont tous aussi tenu le même langage que les grands naturalistes que je viens de citer et qui seraient innombrables si je pouvais les rappeler tous. Dans le grand nombre des représentants des lettres, j'en choisirai deux seulement : le Dante, poète philosophe, et Ozanam, son savant commentateur. L'un et l'autre nous mettent en garde contre le témoignage des sens.

Ecoutons Ozanam, inspiré par l'immortel auteur de la *Divine Comédie :*

« La sphère des sens est restreinte, dit-il, et si la
« raison s'y renferme elle se fait *des ailes bien courtes ;*
« mais encore qu'elle prenne tout son essor, elle arrive
« à des limites qu'il lui est interdit de franchir. Au terme
« de sa route laborieuse, elle voit s'ouvrir devant elle
« la voie infinie des mystères, qui monte et s'élève de
« toute la hauteur des cieux (1). »

A quoi le Dante lui-même, dans son style imagé, ajoute ces beaux vers :

Beatrice sorrise alquanto; e poi segli erra
L' opinione, mi disse, dei mortali
Dove chiave dei sensi non disserra,
Certo non li dovrien punger li strali
D' ammirazione ormai; *poi dietro a' sensi*
Vedi che la ragione, ha corte l' ali (2).

Béatrice sourit un peu, et puis, si l'opinion des mortels se trompe, dit-elle, aux choses que la clef des sens n'ouvre pas ; les traits de l'admiration ne devraient pas l'atteindre, car tu vois qu'*en suivant les sens, la raison a des ailes courtes.*

(1) Ozanam, *Dante ou la Philosophie catholique*, p. 88.
(2) Dante, *Divina Commedia. Paradiso*, canto II.

Aussi, dût M. Renan m'accabler de « son dédain transcendant », guidé par la lumière naturelle de la raison, éclairé par ces génies que Dieu a placés, comme des phares lumineux, sur les rives escarpées de l'océan des âges, je resterai *spiritualiste,* bien convaincu que je suis dans le vrai. Je ne peux pas me résoudre à rabaisser mon âme au point d'en faire une *résultante* (Renan), un *souffle*, une *harmonie*, que sais-je?

« *L'ensemble des fonctions du cerveau et de la moëlle* « *épinière.* » (Littré.)

Non! non! mon âme est une substance spirituelle, qui a conscience d'elle-même. Elle vit, elle sent, elle *pense;* esprit distinct et séparé du corps organique auquel elle est *momentanément* unie et qui lui sert d'intermédiaire avec le monde extérieur, mon âme est douée de la sainte intelligence et du sens moral; elle est responsable parce qu'elle est libre ; dès lors elle est capable de mérite et de démérite; sa destinée est l'*Immortalité.*

Donc, à la lueur de l'évidence, contrairement aux principes de la philosophie nouvelle et de ses maîtres les plus autorisés, disons hardiment qu'il y a au monde :

L'esprit et la matière.
La cause suprême et ses merveilleux effets.
Le créateur et les créatures.

XIV

Le Socialisme

Le socialisme, ou mieux, le communisme, considéré dans son principe essentiel, est une protestation contre le droit de propriété. Le droit de propriété, inséparable de celui de transmission et de succession, est tellement conforme aux instincts de l'homme, qu'il s'est établi naturellement, sans conventions préalables, dans la société primitive et qu'il a été ensuite sanctionné par la loi divine : *(le bien d'autrui tu ne prendras)*; et par la loi civile : *(Justicia est... jus suum cuique tribuere).*

Le droit de propriété d'ailleurs, est si nécessaire au maintien de la société humaine que la perfection de la civilisation est en raison directe des garanties dont la loi entoure la propriété.

Ce droit toutefois ne s'est pas établi et ne se maintient pas sans contestations ; il a été attaqué par les esprits les plus élevés ; il a donné lieu aux systèmes les plus divers de prétendus réformateurs de la société ; il est aujourd'hui bruyamment contesté par les déshérités de la fortune, par les prolétaires innombrables qui constituent le *parti ouvrier* insurgé contre le *capital* et les *salaires*, méditant et préparant la *liquidation sociale* (1).

(1) Hairdet : *Le parti de la liquidation sociale*, Paris, 1880.

J'ai dit, que le droit de propriété avait trouvé des adversaires, dans le temps, parmi les hommes les plus élevés par leur esprit et par leur position, ainsi :

En 400 avant J.-C., le sage Platon *(la République)*, conseille déjà la *communauté pure*, et s'applique à en chercher les combinaisons possibles.

En 1550 de J.-C., le chancelier d'Angleterre Thomas Morus se prononce contre le droit de propriété.

En 1643, Campanella, dans son livre *(Civitas solis)*, tout moine qu'il était, conseille la communauté des biens, et la promiscuité des sexes.

En 1713, l'abbé de Saint-Pierre écrit trois volumes qu'il consacre à la paix universelle, où il conseille comme moyen la communauté.

Enfin, en 1795, le trop fameux Babœuf, devançant Proudhon, déclare et proclame que les *propriétaires* sont des *conspirateurs !*

Je n'en finirais pas si je voulais énumérer tous les systèmes qui ont été pompeusement proposé jusqu'à nos jours, par de prétendus réformateurs ; tels que Saint-Simon et le saint-simonisme ; Fourier et son phalanstère ; Cabet et son essai de colonisation communiste au Texas ; puis les humanitaires, Considérant, Pierre Leroux, Proudhon, Louis Blanc, son droit au travail et ses ateliers nationaux. Toutes les formes de socialisme et de communauté ont été tour à tour essayées dans le cours des temps ; quittées ou reprises plusieurs fois ; mais toutes ont échoué misérablement en laissant après elle de nombreuses victimes. C'est à tel point que Louis Reybaud, l'historien consciencieux du socialisme, a pu écrire déjà en 1854 :

« Qu'est-il résulté de tous ces vains systèmes ? Ce sont

« là des déceptions auxquelles on ne s'expose pas deux « fois, et c'est en dernier ressort que de pareilles causes « se perdent ; aussi en affirmant que le socialisme est « éteint... il n'y a pas à craindre de démenti ni du temps, « ni des évènements... (1) »

Mais bien loin de là ; le socialisme est aujourd'hui plus vivace que jamais !

Le mal est réel et profond ; il s'accroît de jour en jour ; il suit pas à pas les développements incessants de l'industrie et les grands travaux publics, qui accumulent dans les centres manufacturiers et les chantiers des masses énormes d'hommes vivant au jour le jour ; ces réunions d'ouvriers prolétaires, qu'on évalue à trois cent mille pour Paris, et à cinq millions pour toute la France (1), réduits à un travail incessant, chaque jour renouvelé, sans avenir, sans espoir de repos dans la vieillesse, sans perspective d'amélioration pour la famille ; la vue du bien-être, du luxe qui les entoure, comparé à leur détresse ; la comparaison de ces palais où s'étalent l'or et la soie, mis en parallèle avec la nudité des réduits où s'écoule leur vie ; le ver rongeur de l'égalitarisme ; la privation de toute consolation religieuse ; les réunions socialistes, les clubs, les fréquents congrès, les grèves, où l'envie et la haine du riche se donnent rendez-vous et se surexcitent ; toutes ces causes de jalousies et d'irritations étaient et sont trop générales, pour n'être pas exploitées par quelque nouveau réformateur humanitaire. Il manquait au prolétariat, de plus

(1) Louis Reybaud : *Dictionnaire d'économie politique ;* article : *Socialisme*.

(1) Voir : *la Patrie*, 23 juin 1882.

en plus nombreux, une organisation; il l'a trouvée; il se recrute chaque jour; il marche à grands pas vers son but !

A la voix de l'allemand Karl Marx, le socialisme contemporain a pris depuis quelques années un développement universel et de plus en plus redoutable. *Le parti ouvrier socialiste et collectiviste* s'est constitué définitivement; l'*Internationale* a été fondée; le 28 septembre 1864, les délégués français et anglais, sous la présidence de Karl Marx, en ont arrêté et signé les statuts. Dès ce moment, cette nombreuse association fonctionne régulièrement (1).

Après la condamnation de neuf membres de l'Internationale, par arrêt de la Cour de Paris, du 24 juin 1868, son conseil général fut transféré à New-Yorck; mais ce déplacement fut loin de modifier la marche de l'association, bien au contraire; ainsi, dans son numéro du 21 septembre 1873, le *Journal officiel de l'Internationale* disait :

« On est étonné de l'immense progrès que cette so-« ciété, qui compte à peine neuf ans d'existence, a « accompli jusqu'à maintenant. Dans ce laps de temps, « elle a étendu son pouvoir sur toute la surface du « globe.

« *Partout, dans quelque petit endroit que ce soit, il* « *y a un groupe, une section d'association....* (2) »

Cette terrible association n'a fait dès lors que gran-

(1) Voir Hairdet: *Liquidation sociale*, Paris, 1880.

(2) Hairdet: *Le Parti de la Liquidation sociale*, p. 5.

dir et se multiplier ! Aussi il n'y a qu'un cri parmi les affiliés.

A bas la bourgeoisie ! Vive l'Internationale !

Tel est le mot d'ordre, tel sera le cri de guerre !

Mais quel est ce nouveau système dont la puissance a pu rallier les membres épars du prolétariat, tant en Europe qu'en Amérique, les grouper et constituer d'une manière solide l'*Association internationale* ?

Ecoutons l'abbé Winterer, député au parlement allemand, voici ce qu'il dit dans son livre : *Le Socialisme contemporain,* livre plus substantiel que volumineux (1) :

« Le plus puissant penseur socialiste est actuellement, « sans contredit, Karl Marx, le créateur de l'Internatio- « nale, auteur d'un livre devenu fameux : *le Capital,* « l'évangile socialiste actuel. La théorie de Marx *tend* « *à remplacer la propriété individuelle par la pro-* « *priété collective.*

« Par capital, Marx n'entend pas seulement l'argent « et ce qui le remplace ; il comprend sous ce terme les di- « vers moyens de la production du sol, la machine, la ma- « tière première, etc. Or, le socialiste allemand affirme « que le capital, c'est-à-dire le sol, la fabrique, la ma- « chine, la matière première, doivent *devenir la pro-* « *priété de tous, la propriété collective de l'Etat.* De là « le nom de *collectivistes.* L'Etat, d'après Marx, doit

(1) Winterer : *Socialisme contemporain*, Paris, 1878.

« posséder le capital, l'exploiter, en distribuer le pro-
« duit en proportion du travail de chacun.

Marx admet comme principe :

« Qu'une chose quelconque produite, n'a de valeur sur « le marché social que par le travail, et que *la durée* « *du travail est la mesure de la valeur.* Le travailleur » a droit à la part des moyens de jouissance qui corres- « pond à sa part de travail. D'ailleurs, la conséquence « du système économique de Marx est l'*abolition ab-* « *solue du droit de succession...* (1) »

Le système collectiviste ne supporte pas plus que ceux qui l'ont précédé un examen sérieux et approfondi ; mais peu importe ; il est adopté par l'immensité des prolétaires ; c'est là le dogme socialiste nouveau et général ; c'est pour arriver à la réalisation de cette utopie fort séduisante pour les déshérités, qu'a été créée l'*Association internationale*.

Cette formidable association est dirigée par un conseil général que la prudence a fait transférer à New-York.

L'Internationale est représentée en France par *six fédérations*, savoir :

1° Celle du Centre, qui siége à Paris.
2° Celle de l'Est, a son siége à Lyon.
3° Celle du Midi, siége à Marseille.
4° Celle du Nord, siége à Lille.
5° Celle de l'Ouest, a son centre à Bordeaux.
6° Enfin, la sixième a son siége à Alger.

(1) Voir Winterer : *Communisme*, p. 9.

Un *comité central fédéral* a sa résidence à Paris, d'où il correspond avec le conseil général de New-Yorck ; c'est le *comité fédéral* de Paris qui dirige l'Internationale en France. C'est lui qui prépare et fixe l'époque et le lieu des congrès qui se réunissent soit à Paris, soit dans les grands centres ; c'est là où se discutent les questions importantes du socialisme, et où se prennent les résolutions essentielles et d'où part l'impulsion.

Les *fédérations* sont formées de *sociétés ouvrières* composées au minimum de quinze membres ; celle du centre, ou de Paris, « comprend, à l'heure actuelle (1880), « plus de 100 sociétés révolutionnaires qui suivent les « ordres de leur comité exécutif, dont quarante-deux « pour Paris et une soixantaine pour les autres dépar- « tements de cette région (1).

« Le *Comité fédéral* est le centre agissant, c'est lui « qui donne l'impulsion, le mot d'ordre aux sociétés em- « brigadées... (2) » Ses moyens d'action sont les sociétés coopératives, les chambres syndicales ouvrières, les comités socialistes, les cercles d'études sociales, les bibliothèques démocratiques et socialistes, les commissions de propagande et surtout les grèves !

Quant aux moyens de propagation des principes socialistes *par la presse,* il est bon de noter que, en 1871, la Fédération parisienne n'avait qu'un seul journal, *le Socialiste;* « aujourd'hui, outre les journaux publiés en « français, tant en Belgique qu'en Suisse, comme le *Ré-* « *volté*, le *Drapeau rouge*, la *Voix de l'Ouvrier,* le *Mi-* « *rabeau,* l'*Ami du peuple*, la *Persévérance* et beaucoup « d'autres ; la révolution sociale a pour véhicule de ses

(1) Hairdet : *La Liquidation sociale*, p. 12 et 79.
(2) Hairdet : *La Liquidation sociale*, p. 86, 87, 88.

« idées, tant en France qu'à l'étranger, un nombre con-
« sidérable de journaux et de revues, tel qu'un journal
« conservateur évaluait récemment à 500,000 le nom-
« bre des exemplaires qu'ils vendent... »

Il est impossible de fixer avec certitude le nombre des affiliés de l'Internationale dans la France seulement.

On lit à ce sujet dans le *Parti de la Liquidation sociale :*

« Les congrès internationaux donnent à la société une
« impulsion considérable. A ce point que le premier pro-
« cès de l'Internationale, en juin 1868, révélait la pré-
« sence de 700 membres seulement à Paris ; et que le
« second procès de juin 1871, accusait en France
« 438.785 affiliés à l'Internationale au moment même
« où l'un de ses membres évaluait en Europe et en
« Amérique à 7 millions le nombre des travailleurs em-
« brigadés. (1) »

Quant à l'Allemagne, le député au Reichstag, Leibhnekt a reconnu publiquement que « en 1871, les so-
« cialistes allemands n'obtenaient aux élections géné-
« rales que 140,000 voix, tandis qu'en 1877, ils en ob-
« tenaient 600,000, et en juillet 1878, près de *un mil-*
« *lion !* et le citoyen Albert Richard, au congrès de Lyon,
« évaluait à *sept millions* le nombre des travailleurs
« embrigadés. (2) »

(1) Hairdet : *La Liquidation*, p. 78.
(2) Voir le *Progrès de Lyon*, 22 juin 1879.

Quant aux moyens d'accomplir la révolution sociale, il y a deux courants dans l'Internationale : les uns, guidés par le prudent Karl Marx, espèrent atteindre le but sans effusion de sang, au moyen du *bulletin de vote*.

Les autres, qui suivent les directions du russe Bakounine, sont impatients de recourir aux coups de fusil, à la dynamite.

Ce jour viendra prochainement, le *Prolétaire* ajoute :

« Et ce jour-là, que la bourgeoisie le sache, nous n'hé-
« siterons pas à l'exproprier purement et simplement
« pour cause d'utilité publique. (1) »

« Tous d'ailleurs sont unanimes à réclamer le boule-
« versement total de la société, même au prix de l'in-
« surrection, de l'incendie, de l'assassinat ; seule-
« ment les uns sont plus impatients, les autres sont
« plus habiles. (2) »

XV

La Franc-Maçonnerie

« La franc-maçonnerie est la source et le centre de
« toutes les sociétés secrètes ; elle a commencé à s'or-
« ganiser et à fonctionner dès les premières années du

(1) Hairdet : *La Liquidation*, p. 23.
(2) Hairdet : *Le Parti de la Liquidation*, p. 93.

« dix-huitième siècle, et les progrès de la révolution « ont été partout en proportion de la diffusion des idées « et des principes qui en sont la base.

« Aujourd'hui, la franc-maçonnerie compte dans le « monde plus de *douze mille loges* et d'innombrables « adhérents (1). »

En France, la franc-maçonnerie est représentée par quatre puissances :

1° Le Grand-Orient ;
2° Le suprême Conseil du rite écossais ancien, accepté ;
3° La grande Loge symbolique écossaise.
4° Le suprême Conseil du rite Misraïm.

L'unité de la Maçonnerie repose sur trois grades, savoir : ceux d'*apprenti*, *compagnon* et *maître*. Il y a en outre une série de grades dits chapitraux (2).

Le Grand-Orient de France s'est constitué en 1772, ses statuts ont été révisés en 1779.

« En 1854, il reçut l'ordre de l'autorité supérieure « d'ajouter à ses statuts, comme paragraphe additionnel :

« 1° L'existence de Dieu,
« 2° L'immortalité de l'âme,
« 3° L'amour de l'humanité ;

(1) Voir Janet, introduction au grand ouvrage du P. Deschamps, *les Sociétés secrètes et la Société*. — Paris, 1880. — Page XXVIII.
(2) Janet : *Introduction*, page XLVIII.

« mais ce paragraphe additionnel a été supprimé après « une longue discussion en 1877, comme une déviation « au véritable esprit de l'ordre (1). »

La doctrine de la franc-maçonnerie se résume dans les deux points essentiels suivants :

1° Mettre les droits de l'homme à la place de la loi divine.
2° Etablir le règne de l'humanité à la place de celui du créateur.

Comme but, la franc-maçonnerie tend à devenir de plus en plus *la grande institution humanitaire,* l'église de la révolution. Elle n'aspire à rien moins qu'à déchristianiser le monde et à se substituer partout au christianisme !

Son véritable esprit, sa pure doctrine sont exposés dans les *Rituels*, les *Tuileurs* propres à chaque grade, et dont la connaissance a été aussi longtemps que possible dérobée aux profanes.

Or, en principe, cette doctrine est essentiellement « hostile à la religion chrétienne, et au maintien de « l'ordre actuel des sociétés civiles... Là-même où la « franc-maçonnerie ne conspire pas et n'attaque pas « directement la religion, elle accomplit une œuvre « d'une portée considérable par sa seule action doc- « trinale (2). »

Quant au nombre total des affiliés à la franc-maçon-

(1) Janet : *Introduction*, page LVII.
(2) Janet : *Introduction*, page LXIII.

nerie, il est difficile à connaître, vu le secret qui est imposé sous serment à chaque membre ; toutefois, *la Chaîne-d'Union* de 1878 évalue à 3,500,000 au moins le nombre total des francs-maçons connus, membres *actifs* et *passifs*, unis dans une même et commune inspiration, mais l'immense majorité des affiliés, même de ceux qui parviennent aujourd'hui aux plus hauts grades, *ne reçoit jamais aucune confidence.*

« Henri Misley, qui a joué un rôle fort actif dans « les révolutions d'Italie, écrivait en 1855 au Père Des- « champs : Je connais un peu le monde franc-maçon- « nique, et je sais que dans tout *ce grand avenir qui* « *se prépare, il n'y en a que quatre ou cinq qui tien-* « *nent les cartes ; un plus grand nombre croient les* « *tenir, mais ils se trompent* (2). »

Telle est la position sociale dans toute l'Europe !

Certes, elle mérite l'attention de tout homme qui réfléchit ; sujet de sérieuses études pour les économistes, elle appelle les méditations des dépositaires du pouvoir et de tout philosophe qui se préoccupe de l'avenir.

Le mal qui menace l'ordre social d'un redoutable cataclysme, n'est pas seulement dans le trouble des idées, il est réel et profond ! La lutte du riche et du pauvre n'est pas née de nos jours ; elle est aussi ancienne que l'organisation sociale elle-même, cela est vrai ; mais elle ne fut jamais poussée au point d'exaspération où elle est aujourd'hui !

---

(1) Janet : *Introduction*, page XCVI.

Le triomphe complet de la démocratie, les prétentions que fait naître l'idée exagérée de l'égalité, la puissante influence du nombre qu'entretient le fait du suffrage universel, les flatteries que lui adressent les ambitieux, etc. ; donnent à la *question sociale* la plus pressante actualité !

Ajoutons que l'humanité, la prudence, la justice, jettent les hauts cris ; et disent qu'il y a là quelque chose à faire.

Caveant Consules !

Bref, l'Europe aura-t-elle assez de vitalité pour triompher de tant d'ennemis coalisés et acharnés à sa ruine, à celle de son ordre social, et à la destruction de sa foi chrétienne ? La logique dit *Non !*

Toutefois, il est écrit :

« *Portæ inferi non prevalebunt.* »
« Les puissances de l'enfer ne prévaudront pas. »
(Saint Mathieu, ch. XVI, verset 18.)

La foi nous ordonne donc d'espérer.

Mais gardons-nous du terrible : *Movebo Candelabrum !* que le P. Monsabré a rappelé à son brillant auditoire de N.-D. de Paris, dans la cinquième Conférence du Carême de 1882 ; en l'accompagnant de ces paroles, que l'éloquent orateur met dans la bouche de Dieu, s'adressant à l'Eglise :

« Les peuples que j'aimais ont lassé ma patience,
« allons-nous-en, ma fille, *j'emporte ma lumière.* »

Observons cependant que la résistance légale que les catholiques français opposent avec autant de dignité que de calme à la conspiration anti-chrétienne qui sévit depuis quelques années sur la France, est bien de nature à ranimer notre confiance, et à faire naître l'espoir d'un meilleur avenir.

L'Épiscopat français ne s'est jamais élevé si haut par sa vigilante sollicitude, par la sagesse, la modération, la fermeté de ses conseils et de ses directions ; le clergé tout entier mérite de plus en plus le respect et la confiance des populations ; il supporte dignement avec la plus louable abnégation les attaques incessantes et injustes dirigées contre lui, et se tient prêt à redoubler de zèle et de dévouement pour la défense de la foi !

Honneur au savant Barreau français ! Par plus de deux mille signatures, ce grand corps a stigmatisé et frappé de son unanime réprobation les décrets liberticides du 29 mars 1881, ainsi que leur exécution *manu militari !*

Honneur à la Magistrature française, tant assise que debout ! L'une s'est honorée en prononçant par plus de 150 arrêts, l'illégalité et l'arbitraire de ces décrets de proscription !

L'autre, par deux cents démissions volontaires au moins, et par le sacrifice de positions honorables, acquises au prix d'un travail prolongé et de services de plusieurs années, s'est placée au premier rang dans la considération publique, plutôt que de tremper les mains dans les mesures arbitraires qui lui étaient ordonnées.

Cette belle conduite entraînera la ruine de l'institution ! La magistrature sera sacrifiée ; le principe tutélaire de l'inamovibilité sera momentanément effacé du code judiciaire ; ce sera un grand malheur sans doute ; mais les hommes resteront, et le noble sacrifice de ces martyrs du droit et de la justice sera la gloire du siècle qui en a été témoin !

Aux décrets du 29 mars 1881, a succédé la loi bien plus déplorable du 28 mars 1882, loi d'instruction primaire *laïque, gratuite, obligatoire !*

Pour se rendre un compte exact du danger que l'exécution de cette loi fera courir à la foi catholique, il est nécessaire de se rappeler que la population totale des écoles primaires s'élève en France au chiffre officiel de 2,308,512 enfants des deux sexes ; sur ce nombre, 99,309 garçons seulement fréquentent jusqu'ici les *écoles chrétiennes libres ;* tandis que les garçons qui suivent les écoles publiques sont au nombre de 1,092,955. Quant aux jeunes filles qui suivent les écoles publiques, elles sont au nombre de 797,060, et celles des écoles libres ne s'élèvent qu'à 319,785 (1). Il y aura donc ainsi 1,890,015 enfants de l'un et l'autre sexe en France, qui, si l'on n'y pourvoit, s'élèveront, seront versés dans le sein de la population sans aucune éducation religieuse ! car, d'après la loi du 28 mars 1882, les enfants des écoles publiques officielles n'y doivent pas entendre prononcer le nom de Dieu ! Tous les emblèmes religieux devront disparaître de l'école, tout livre traitant de matières religieuses en est proscrit, et tout enseignement chrétien à plus forte raison !

(1) Voir : Résumé des états de situation de l'enseignement primaire de l'année 1880-1881. — Paris, 1882.

Toutes les classes de catholiques et les chrétiens en général, ont compris la gravité de cette loi, qui, sous prétexte de séparer l'enseignement religieux de celui des lettres, et de déclarer la *neutralité* de l'école, en exclut toute parole, toute manifestation religieuse.

Tous les vrais, les sincères catholiques, riches ou pauvres, s'empressent de coopérer, selon leur fortune, à la création d'écoles chrétiennes libres ; des souscriptions s'ouvrent de toutes parts dans le but de conserver la foi dans l'âme de nos enfants.

L'élan est général, il est admirable ! mais, hélas ! il sera de toute nécessité limité à quelques villes ; et les campagnes, là où est la force, le nombre, là où les parents sont dans l'impossibilité de suppléer au défaut d'enseignement de l'école que fréquenteront *obligatoirement* leurs enfants, quel sort leur est moralement réservé ? On tremble en pensant ce que seront dans *dix à douze ans* ces populations qui n'auront pas la moindre idée de Dieu !

Espérons que la vigilante sollicitude de notre éminent Episcopat ne tardera pas à profiter des pieuses et charitables dispositions de son clergé ; espérons que bientôt sera organisé dans chaque paroisse, dans l'intervalle des classes, *un catéchisme quotidien.*

La conservation de la foi, dans nos communes rurales, est à ce prix !

D'ailleurs, les écrivains spiritualistes eux-mêmes sont loin de céder au découragement.

Déjà l'illustre Guizot écrivait en 1866 :

« Que les ennemis du christianisme ne s'y trompent

« pas ; ils lui font une guerre à mort, mais ils n'ont pas « à faire à un mourant (1). »

M. Caro, qui soutient avec distinction à l'Académie française les principes du spiritualisme, avait dit déjà :

« Le naturalisme et le positivisme ont tenté un coup « d'audace sur l'esprit français ; l'esprit français a été « un instant conquis ; il se remet peu à peu de cette « violente secousse ; il revient à lui et retrouve ses « vrais instincts qui sont au fond ceux de l'esprit hu- « main (2). »

Nous avons donc lieu d'espérer que la crise de négation qui traverse le monde ne tardera pas à finir !

Rassurons-nous ; la liberté chrétienne pourra traverser bien des épreuves ; mais, soyons-en sûrs, elle ne périra pas ; et pour atteindre ce but si désirable, empruntant les paroles suivantes de M. le sénateur Chesnelong, président de la *Société générale d'Education et d'Enseignement*, je dirai :

« *A l'œuvre, les jeunes gens,* car partout où il y a « une cause généreuse à servir, c'est la place de la « jeunesse.

« *A l'œuvre, les pères de famille,* qu'ils revendiquent « hautement le droit qui leur appartient, d'élever libre- « ment leurs enfants.

« *A l'œuvre, les mères chrétiennes,* il s'agit des fils

(1) Guizot : *Méditations sur la Religion*, t. II, page 110.
(2) Caro : *l'Idée de Dieu*, page 504.

« qui seront plus tard l'honneur de leur foyer ; des « filles qui en sont déjà la pureté, la bénédiction, le « charme ! »

Puis, m'adressant aux chrétiens en général, je leur dirai :

Levons les yeux au ciel, nous y verrons briller la *croix du Sauveur*, telle qu'elle apparut en 312 à Constantin, avant la célèbre bataille de Pont-Milvius, où ce jeune empereur païen, l'ayant invoquée, elle lui donna la victoire sur Maxence, son compétiteur, en finit avec le paganisme, livra Rome au vainqueur et le fit chrétien (1) !

Nous verrons la croix entourée d'une auréole éclatante, ornée aujourd'hui encore comme alors, de cette devise prophétique et rassurante :

« In hoc Signo vinces ! »

« C'est par moi que vous vaincrez ! »

---

(1) Albert de Broglie : *l'Eglise et l'Empire Romain*, t. I, page 228.

LES DEUX VOIES DE LA VÉRITÉ

SECONDE PARTIE

XVI

La Foi chrétienne

Comme chrétien, je crois, parce que *j'ai la certitude que Dieu a parlé !* car, guidé par saint Augustin, mon esprit désire arriver à la vérité par la raison et par la foi.

Je sais d'ailleurs que saint Thomas d'Aquin, ce guide assure, enseigne :

« Que personne ne doit croire sans être auparavant
« convaincu qu'il doit croire. Celui qui croit autrement,
« dit-il, *n'est pas un fidèle, mais un fanatique* (1). »

(1) Voir : Martin de Noirlieu, *Catéchisme philosophique à l'usage des Gens du Monde*, page 70.

Or, les preuves de la divinité de Jésus-Christ, notre divin révélateur, sont presque innombrables ; le récit des miracles que le Sauveur a opérés pendant son passage sur la terre, formerait seul plusieurs volumes.

L'influence prodigieuse que Jésus-Christ a exercée sur le monde, et qui contraste d'une manière frappante avec l'humilité dont il a voulu entourer sa naissance et sa vie, suffirait seule à prouver sa *divinité ;* Jésus-Christ a accompli ce que les princes les plus puissants et les philosophes les plus renommés ont tenté sans succès ; il a changé l'état moral et social de toutes les contrées où sa sainte doctrine a pénétré ; partout la barbarie a disparu devant l'évangile ; partout la civilisation a suivi ses pas ; son action bienfaisante et civilisatrice se poursuit et s'étend sans cesse aujourd'hui encore, sous les pas des saints missionnaires de la foi, dans les régions les plus reculées. L'ignorance la plus crasse de la loi chrétienne est la véritable et seule cause des impiétés grossières ou savantes dont nous sommes aujourd'hui témoins.

Le fait surnaturel de la *résurrection de Jésus-Christ* est la preuve la plus décisive de sa divinité.

Mais, si la puissante action que Jésus-Christ a exercée sur les hommes le place au-dessus de tous les réformateurs, de tous les bienfaiteurs de l'humanité ; ce ne serait pas là un motif suffisant pour lui attribuer la nature divine, qui est son essence.

« Il fallait (le divin Sauveur le dit lui-même) que « le fils de l'homme fût *livré* entre les mains des pé- « cheurs, qu'il fût *crucifié*, et qu'il *ressuscitât* le troi- « sième jour. » (Saint Luc, ch. XXIV.)

Ce grand fait de la résurrection, qui met le sceau à la divinité de Jésus-Christ, repose sur quatre circonstances spéciales, savoir :

1° Le récit du fait contenu dans les quatre Evangiles, et les Actes des Apôtres.

2° L'annonce préalable de la résurrection, faite par Jésus-Christ lui-même.

3° Le fait de la résurrection et les circonstances qui l'ont accompagnée.

4° Les faits et les témoignages qui ont suivi la résurrection de Jésus-Christ jusqu'à son ascension au Ciel.

Le récit et les témoignages de la *résurrection de Jésus-Christ* sont contenus dans les quatre Évangiles, qui ont reçu le nom de *canoniques,* ainsi que dans les Actes des Apôtres.

Ces livres réunis constituent le *nouveau Testament,* qui est le fond et la source de tout le spiritualisme chrétien, et contiennent la doctrine de Jésus-Christ.

Les Evangiles retracent fidèlement la naissance, la vie, les miracles, les préceptes, la sublime doctrine et la résurrection de Jésus-Christ.

Les Actes des Apôtres sont le merveilleux tableau de l'Eglise naissante.

Le récit évangélique est la représentation pure et simple des faits ; il gagne le cœur par sa naïveté ; il répond à tous les instincts religieux de l'âme humaine.

Les Evangiles sont entourés de toutes les garanties d'authenticité ; c'est à tel point qu'un écrivain qui a consacré tout un volume, de près de 500 pages, à contester la divinité de Jésus-Christ, M. Renan, pressé par l'évidence, dit textuellement : « *J'admets comme authentiques les quatre Évangiles canoniques* (1). »

Le moment d'accomplir son sublime sacrifice et de réaliser sa mission divine approchant ; Jésus, qui avait dit : « Dieu a tellement aimé le monde qu'il lui a donné « son fils unique » (Saint Jean, ch. III, ℣. 16), voulut prévenir ses apôtres et ses disciples, et les informer de ce qui allait arriver.

Ainsi on lit dans Saint-Mathieu (ch. XVI, ℣. 21) :

« Dès lors, Jésus commença à déclarer à ses disci-
« ples qu'il fallait qu'il allât à Jérusalem pour y souffrir
« beaucoup des Sénateurs, des Docteurs de la loi et des
« Princes des prêtres, pour y être mis à mort et *res-*
« *susciter* le troisième jour. »

Saint Marc (ch. X, ℣. 34) rapporte ces paroles de Jésus-Christ :

« On se moquera de lui, on lui crachera au visage ;
« on le fera mourir et il *ressuscitera* le troisième jour. »

Saint Luc écrit aussi (ch. XVIII, ℣. 31) :

« Jésus prit ensuite les douze avec lui, et leur dit :
« Nous allons à Jérusalem, et tout ce qui est écrit
« par les prophètes touchant le Fils de l'homme sera
« accompli.
« Car il sera livré aux gentils, traité avec dérision,
« fouetté, couvert de crachats.

(1) Renan ; *Vie de Jésus*, 5me édition, page 88.

« Et après qu'on l'aura fouetté, on le fera mourir, et *Il*
« *ressuscitera* le troisième jour. »

Saint Jean (ch. xvi, verset 16), rapporte ces paroles de Jésus-Christ :

« Dans peu de temps vous ne me verrez plus, et peu
« de temps après vous me verrez, parce que je vais à
« mon Père. »

Or, comme je l'ai dit, les Evangiles sont authentiques et méritent toute confiance. Voici d'ailleurs ce que dit Tertullien, né en 160 après Jésus-Christ, et qui écrivait en 207 :

« L'autorité des Evangiles nous est garantie par les
« Eglises que les Apôtres ont fondées, et qui nous les
« ont transmis. Je parle surtout des évangiles de Mathieu
« et de Jean ; mais je pourrais aussi citer Marc, puis-
« que sa narration est attribuée à Pierre, dont il était
« secrétaire, et aussi celle de Luc, qui est attribuée à
« Paul (1). »

Enfin l'œuvre de la rédemption approche ! celui qui avait pu dire :

« Qui de vous me convaincra de péché ! »

(Saint Jean, ch. viii, verset 46.)

(1) Tertullien, *Apologétique*.

Celui dont Dieu, du haut d'une nuée lumineuse, avait dit :

« C'est là mon fils bien-aimé, en qui j'ai mis toute « mon affection, écoutez-le. »

(Saint Mathieu, ch. XVII, verset 5.)

« Jésus, le juste des justes, arrêté, saisi, enchaîné, « est conduit premièrement chez Anne, parce qu'il était « beau-père de Caïphe, qui était grand-prêtre cette « année-là. »

(Saint Jean, ch. XVIII, verset 13.)

« Ils menèrent ensuite Jésus de la maison de Caïphe « au prétoire.... »

« Pilate étant sorti, vint à ceux qui avaient conduit « Jésus, et leur dit : De quel crime accusez-vous cet « homme? »

(Saint Jean, ch. XVIII, verset 29.)

« Pilate leur abandonna Jésus pour être *crucifié ;* « ils prirent alors Jésus et l'emmenèrent. »

(Saint Jean, ch. XIX, verset 16.)

« Et Jésus, chargé de sa croix, alla au lieu appelé « le Calvaire, qu'on nomme en hébreu, Golgotha, où « ils le *crucifièrent.* »

(Saint Jean, ch. XIX, versets 17 et 18.)

« Des soldats étant venus à Jésus, comme ils virent « qu'il était déjà mort, ils ne lui rompirent pas les jam- « bes, mais un de ces soldats lui ouvrit le côté d'un « coup de lance, et aussitôt il en sortit du sang et de « l'eau.

« Sur le soir, un homme riche d'Arimathie, nommé
« Joseph, qui était aussi disciple de Jésus, alla trouver
« Pilate et demanda le corps de Jésus. Pilate ordonna
« que le corps lui fût remis.

« Joseph ayant pris le corps, l'enveloppa dans un
« linceuil blanc et le mit dans un sépulcre tout neuf,
« qu'il avait fait tailler dans le roc, puis ayant roulé
« une grosse pierre à l'entrée du sépulcre, il se retira. »

« Le jour suivant qui était le sabbat, les princes des
« prêtres et les pharisiens, autorisés par Pilate, *allèrent*
« *au sépulcre, le fermèrent bien, mirent le sceau sur*
« *la pierre, et posèrent des gardes.* »

(Saint Mathieu, ch. XXVII, ℣. de 57 à 66.)

Ainsi, la mort de Jésus-Christ est certaine; sa mise au tombeau a lieu avec soin; toutes les précautions sont prises pour éviter un enlèvement.

Soins inutiles! La divinité de Jésus-Christ triomphera de tous ces vains obstacles. Au moment prédit par les écritures, ainsi que le Sauveur l'avait annoncé, trois jours après avoir été enseveli, Jésus-Christ *ressuscite*, sort du tombeau, triomphant de la mort!

Mais, oh! honte :

« Dès que Jésus-Christ est arrêté, tous ses disciples
« l'abandonnent et s'enfuient. »

(Saint Mathieu, ch. XXVII, ℣. 56.)

Et ce qui est plus blâmable encore, l'apôtre Pierre, distingué spécialement par Jésus-Christ qui lui avait dit :

« Je vous donnerai les clefs du royaume du Ciel. »

Saint Mathieu, ch. XVI, verset 19.)

« Ce même Pierre, interpellé pendant que Jésus, son « maître, était chez Caïphe, répond par trois fois *qu'il « ne le connaît pas.* »

(Saint Mathieu, ch. XXVI, ℣. 70, 71, 72.)

Les quatre Evangélistes sont unanimes à affirmer le fait de la résurrection de Jésus-Christ.

Chacun d'eux déclare, comme saint Mathieu :

« Que sur la fin de la nuit du sabbat, lorsque le pre- « mier jour de la semaine commençait à luire, Marie- « Madeleine et l'autre Marie (mère de Jacques), allèrent « pour voir le sépulcre.

« Et tout à coup il se fit un grand tremblement de « terre ; car un ange du Seigneur, descendant du ciel, « vint enlever la pierre et s'assit dessus. Son visage « était comme un éclair, et son vêtement comme la neige.

« Les gardes en eurent une telle frayeur, qu'ils « demeurèrent comme morts.

« Mais l'ange, parlant aux femmes, leur dit : Pour « vous ne craignez point, car je sais que vous cherchez « Jésus qui a été crucifié. Il n'est point ici, car il est « *ressuscité*, comme il l'avait dit. Venez, voyez le lieu « où l'on avait mis le Seigneur. »

(Saint Mathieu, ch. XXVIII.)

Parfaitement conformes sur les circonstances du fait principal et essentiel, le récit des quatre évangélistes, qui ont écrit séparément, en différents lieux, à différentes époques, et sans s'être concertés, contient plus ou moins de détails.

Saint Jean est le plus explicite ; sa narration est plus complète. Quoi de plus naturel !

L'apôtre saint Jean était l'ami de Jésus-Christ, il avait eu le bonheur d'appuyer sa tête sur le sein du Sauveur la veille de son supplice; il ne le quitta pas pendant toute sa passion, et du haut de sa croix :

« Jésus, voyant sa mère et près d'elle le disciple qu'il
« aimait, dit à sa mère : « Femme, voilà votre fils. »
« Et il dit au disciple : « Voilà votre mère. »
(Saint Jean, ch. XIX, versets 26 et 27.)

Si nous consultons les *Actes des Apôtres* attribués à saint Luc, nous y trouvons les témoignages les plus éclatants du grand fait de la résurrection, rendus par ceux qui en ont été les témoins, et qui, pénétrés d'admiration et pressés par la conviction qu'a surexcitée en eux la présence et les bontés du Sauveur, affirment le fait de la résurrection de Jésus-Christ en face des menaces, des mauvais traitements, de la prison et bientôt de la mort!

Le *non possumus* de saint Pierre est resté célèbre, comme le cri de la vérité et de la conviction.

Enfin, après avoir passé, depuis sa résurrection, *quarante jours* avec ses apôtres et ses disciples, les avoir fortifiés dans la foi, leur avoir donné ses instructions, il leur dit .

« Allez, instruisez toutes les nations, les baptisant
« au nom du Père, et du Fils, et du Saint-Esprit. »
(Saint Mathieu, ch. XXVIII, ℣. 19.)

« Le Seigneur, après leur avoir parlé, fut élevé dans
« le Ciel, où il est assis à la droite de Dieu. »
(Saint Marc, ch. XII, ℣. 19.)

Le peu de mots qui précèdent, mais surtout la lecture, la méditation des quatre évangiles et des Actes des Apôtres établissent avec la certitude de l'évidence le *fait essentiel de la résurrection de Jésus-Christ*. D'ailleurs, ce ne sont pas les quatre évangélistes seuls qui attestent la résurrection de Jésus-Christ, ce sont tous les apôtres, tous les disciples qui affirment qu'ils ont vu, soit en particulier, soit tous ensemble, leur Maître après sa mort sur la croix, et sa sépulture ; qu'ils ont touché son corps réchauffé par la vie, mangé avec lui et reçu ses instructions à diverses reprises après sa résurrection et *pendant 40 jours*.

On les met en prison, on les fait fouetter de verges, en leur défendant avec menaces de châtiments plus graves de prêcher à l'avenir au nom de Jésus de Nazareth, et ces hommes qui, peu de temps auparavant, *s'étaient montrés si lâches*, fortifiés par la vue de Jésus-Christ ressuscité, bravent les menaces, ne reculent pas devant les périls de la mort et de la mort elle-même.

Quel est le fait historique de quelque importance qui se présente étayé de semblables témoignages ? Et cependant on conteste, on nie, on objecte que la *résurrection de Jésus-Christ est incroyable, qu'elle est impossible*.

Rien n'est plus vrai, la résurrection est incroyable, impossible, inexplicable, incompréhensible suivant les lois naturelles, mais

ELLE EST !

C'est ici qu'apparaît dans tout son éclat ce surnaturel qu'on s'obstine à nier.

C'est ici que se montre ouvertement la toute-puissance de Dieu.

Il n'y a plus à hésiter, devant l'évidence, il faut dire avec l'incrédule Thomas :

« Mon Seigneur, et mon Dieu ! »
(Saint Jean, ch. xx, verset 28.)

Or, si Jésus-Christ est ressuscité (ce qui, en présence des témoignages aussi certains du fait lui-même, ne peut plus être mis en doute), il est vraiment *Dieu*. Il possède la toute-puissance; dès lors la doctrine qu'il a enseignée est *divine*, et toutes ses paroles portent avec elles le caractère d'une *vérité indiscutable*, qui donne à l'âme le repos de la certitude.

Ainsi quant à la cause première.

Jésus, le Dieu-Homme, a dit :

« Dieu est *esprit*, et il faut que ceux qui l'adorent,
« l'adorent en esprit et en vérité. »
(Saint Jean, ch. iv, verset 24.)

Quant à la cause finale, au but de la création, le divin révélateur dit :

« Mes brebis entendent ma voix et je les connais, et
« elles me suivent.
« Je leur donnerai la *vie éternelle*, et elles ne péri-
« ront jamais, et nul ne me les arrachera d'entre les
« mains.
« Mon père qui me les a données, est plus grand
« que toutes choses, et personne ne peut les arracher
« de la main de mon père.
« Mon Père et moi nous ne sommes qu'*un*. »
(Saint-Jean, ch. x, versets 27, 28, 29, 30.)

Quant à la vie temporelle, quelle loi fut jamais plus douce ! Quel adorable maître !

Ecoutons Jésus-Christ disant aux hommes :

« Venez tous à moi, vous qui êtes dans la peine et
« qui êtes chargés, et je vous soulagerai.
« Prenez mon joug sur vous et apprenez de moi
« que je suis doux et humble de cœur et vous trouverez
« le repos de vos âmes. Car mon joug est doux et mon
« fardeau est léger. »

(Saint-Mathieu, ch. XI, versets 28, 29, 30.)

Quelle plus sûre garantie de paix sociale, que ce précepte par lequel le Sauveur résume sa loi !

« *Vous aimerez le Seigneur votre Dieu de tout votre*
« *cœur, de toute votre âme et de tout votre esprit.* »
« C'est le plus grand et le premier commandement. »
« Et voici le second qui est semblable à celui-là :
« *Vous aimerez votre prochain comme vous-mêmes.*
« Toute la loi et les prophètes se réduisent à ces deux
« commandements. »

(Saint-Mathieu, ch. XXII, ℣. 31, 34, 39, 40.)

Heureux celui qui médite les Evangiles !

Il y trouve la confirmation du spiritualisme philosophique.

Son âme trouve dans cette parole divine le repos de la foi.

Les chapitres V, VI et VII de Saint-Mathieu sont des trésors de sagesse.

Le chapitre VI de Saint-Jean est l'exposition des mystères les plus sublimes de l'amour de Dieu pour l'homme. Répétons donc que

« Dieu a tellement aimé le monde qu'il a donné son
« fils unique, afin que ceux qui croient en lui ne péris-
« sent pas, mais qu'ils aient la vie éternelle. »

(Saint-Jean, ch. III, verset 16.)

Voilà donc démontrées les *deux voies* de la vérité dont l'union constitue le plus haut degré de la certitude.

LA RAISON ET LA FOI !

Cette démonstration me paraît complète; aussi, en terminant cette rapide esquisse philosophique; de même que j'ai pu dire naguère, avec conviction :

LE MATÉRIALISME, VOILA L'ENNEMI !

Je peux dire aujourd'hui avec la certitude de l'évidence :

LE SPIRITUALISME, VOILA LA VÉRITÉ !

TABLE

Annecy. — Imprimerie J. Niérat et Cie, rue Royale, 7.

www.ingramcontent.com/pod-product-compliance
Ingram Content Group UK Ltd.
Pitfield, Milton Keynes, MK11 3LW, UK
UKHW021104260726
13994UKWH00002B/700